KB059657

마흔 살에 시작하는
주식 공부 5일 완성

마흔 살에 시작하는

주식 공부
5일 완성

박민수(샌드타이거샤크) 지음

비즈니스북스

일러두기

책에 인용된 네이버금융 조회 화면(공시, 주가 차트 등)은 독자의 이해를 돕기 위해 내용에 적합한 예시를 든 것으로 주가와 재무적 정보는 이 책의 출간 시점과 다를 수 있다.

마흔 살에 시작하는
주식 공부 5일 완성(2021년 최신개정판)

2판 1쇄 발행 2021년 1월 18일
2판 24쇄 발행 2024년 11월 21일

지은이 | 박민수(샌드타이거샤크)
발행인 | 홍영태
편집인 | 김미란
발행처 | (주)비즈니스북스
등 록 | 제2000-000225호(2000년 2월 28일)
주 소 | 03991 서울시 마포구 월드컵북로6길 3 이노베이스빌딩 7층
전 화 | (02)338-9449
팩 스 | (02)338-6543
대표메일 | bb@businessbooks.co.kr
홈페이지 | http://www.businessbooks.co.kr
블로그 | http://blog.naver.com/biz_books
페이스북 | thebizbooks
ISBN 979-11-6254-186-9   03320

비즈니스북스는 독자 여러분의 소중한 아이디어와 원고 투고를 기다리고 있습니다.
원고가 있으신 분은 ms1@businessbooks.co.kr로 간단한 개요와 취지, 연락처 등을 보내 주세요.

5일 만에 투자 전문가가 되려는
그 출발선에서

한 권으로 끝내는 주식투자 방법론 백과사전이다

투자 철학, 이론, 방법론을 종합해 알려주려다 보니 책 분량이 최초 계획보다 많아졌다. 책 분량만으로 지레 겁먹는 독자가 나올 수도 있겠다는 걱정도 앞선다. 그러나 이 책 한 권만으로도 주식 실전 투자가 가능하도록 충실도를 높였다는 점을 기억해주길 바란다. 주식투자는 고도의 두뇌 싸움이다. 싸움 상대는 개미 투자자뿐만 아니라 기관투자자, 외국인 등 전문가들이 즐비하다. 많은 지식을 두뇌에 집어넣지 않고서는 오랜 기간 버틸 수 없다. 요행수는 10번 이상 지속되기 어렵다.

　이 책은 백과사전식으로 핵심 내용을 압축해 다루어 투자 지식에 대한 목마름이 있는 독자라면 충분히 만족할 것이다. 증권사에서 20년간 감사 업무를 담당한 친구에게 책을 보여주니 증권사 신규직원 교육용으로 좋겠다는 평가를 내렸다. 주식 초보자용 교재로도 딱 좋다고 생각한다.

개미 투자자로서 지난 10년간의 숱한 경험을 녹여냈다

내가 다니고 있는 회사에는 8년 전부터 투자 제한이 있다. 내 경우 투자

**샌드타이거샤크의 연 수익률
100% 주식 매매계좌**

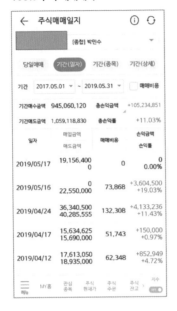

원금은 최대 6,000만 원으로 평균 5,000만 원 정도 투자하고 있다. 수익금은 재투자할 수 없다. 수익이 발생할 경우 수익금을 덜어내야만 재투자가 가능하다. 책 집필을 위해 투자를 쉬기 전인 2019년 5월까지 약세장임에도 불구하고 연 수익률은 100%에 육박한다. 투자 원금이 더 컸다면 더 큰 수익이 가능했으리라.

매매 일자는 연간 10~20일로 월 1~2일 매매를 했다. 주식투자 수익으로 부채 없이 35평 목동 재건축 추진 아파트도 마련했다.

조선일보, 헤럴드경제, 파이낸셜뉴스, 머니투데이, 한국경제신문에 내 가치투자법에 대한 기사가 실리는 경험도 했다.

이제는 내가 10년간 터득한 실전 필살기를 공유하려고 한다. 필살기 하나하나가 실제 해본 경험이니 독자들도 따라 하면 투자 전문가가 될 수 있다.

5일이면 투자 전문가 되는 가성비 높은 방법이다

책을 5일로 나눠 하루 읽을 수 있는 양을 정해놓았다. 딱 5일만 공부해보자. 최소한 이 정도는 해야 투자 전문가가 된다. 이 책을 선택하려는 독자라면 부자가 되고 싶은 욕망이 강렬할 것이다. 부자가 되려는데 5일도 공부 못 하는가? 부자가 되는 지름길이 있다면 참 좋겠지만 노력 없이 그런 길은 희박하다. 그나마 주변에 전문가가 있어 가르쳐주면 좋겠으나, 전문가도 잘 없을뿐더러 그들은 필살기를 숨긴다. 이 책은 내 필살기를 하나도 숨김없이 다 나열했다. 믿고 따라 하면 되는 가성비 높은 투자 방법이다. 만약 주식투자를 처음 시작하는 입문자라면 '주식회사의 흥망성쇠를 공부하자' 편부터 기본기를 다져나가자.

실전 투자에 방점을 둔 방법론 실천서다

이론, 투자 철학만 언급하고 끝났다면 다른 책과 다를 바 없다. 이 책은 실천할 수 있는 방법론을 구체적으로 제시하는 게 기존 책들과 다르다. 초보 투자자가 제일 어려워하는 종목선정 방법을 10단계로 절차화해 설명하고 분석표도 제시한다. 제시법대로 하면 리스크를 최대한 줄이고 실적과 배당 기반 저평가 우량기업만 투자하게 된다. 리스크가 적으니 투자 손해율도 낮아지고 분할매수도 가능하다. 종일 시세판을 보면서 괴로울 필요도 없고 본업에 충실할 수 있다. 실전 투자에 도움이 되도록 종목선정법과 함께 매매 원칙, 주식 매매 악재, 호재, 주의사항 등도 다뤘으니 어려워하지 말고 끝까지 읽어보자. 모르면 내 것이 될 때까지 반복해 읽어보자. 그래야만 투자 전문가가 될 수 있다.

수익실현까지 오래 기다릴 필요 없는 가치투자 방법이다

일반적인 가치투자법에서 말하는 저PBR 투자법은 오랜 기다림이 필요하다. PBR은 시가총액을 자기자본으로 나눈 값으로 저PBR은 자기 보유 재산보다 저평가인 상태를 말한다. 그런데 재산이 아무리 많아도 실적이 받쳐주지 않으면 주가 상승에는 한계가 있다. 그래서 저PBR 투자법은 지루하다. 이 책의 가치투자법은 미래 실적에 기반한다. 주가는 실적에 1~2년 선행한다고 한다. 향후 실적개선에 기반해 미래 PER이 저평가인 종목을 찾기에 안전하면서도 빠른 주가 상승이 가능하다. 가치투자법이지만 저PBR 투자방식과 달리 주가 탄력도가 높다. 10% 이상 투자 수익을 3개월에서 6개월, 늦어도 1년 이내 실현할 수 있다. 3개월 10% 수익을 목표로 1년에 4개 종목만 투자해도 연 40% 수익실현이 가능한 투자법이다. 기술적 분석에서는 엄두를 낼 수 없는 급등 그래프에도 과감하게 뛰어든다. 매수 이후 시세판을 보지 않고 기다릴 수 있는 마음 편한 투자법이기도 하다.

코로나19에도 끄떡없는 주식투자의 정석이다

이 책은 2018년 늦은 봄 3주 동안 밤잠 안 자며 써 내려간 결과물이다. 사실, 출판은 꿈도 꾸지 않고 쌍둥이 아들에게만 물려줄 가보라고 생각했다. 그렇기에 핵심만 요약해 알차게 써보려 했다. 덕분에 독자분들께 과분한 사랑을 받았다. 이제 출판한 지 2년여가 지나고 2021년 개정판을 내게 되었다.

그동안 국내 주식 책 판매 1위 등 스포트라이트를 받은 만큼 개정판은 변화된 투자 환경에 맞게 독자 열의를 충족하고 아들을 위한 진솔한 마음도 유지하고 싶었다. 그 결과 초판에서 보여준 핵심사항 압축 설명 프레임을 유지하되, 2018년 이후 제도 개선, 환경 변화 등을 적극 반영했다. 주요 반영 사항으로는 거래소 매매거래 시간 개편, 증권거래세제 변경, 대주주 양도세 개편, 관리종목 및 상장폐지 요건 개정 반영, ETF 세제 수정 등을 업그

레이드했다. 그 외에도 초보 투자자에게 꼭 필요한 펀드 가입 시 유의사항, 기업 정보, 투자여건, 글로벌 환경 등 변경 사항을 상세히 반영했다.

코로나19에도 불구하고 동학개미 열풍에 주식시장이 뜨겁다. 다만, 열정만 가지고 준비 안 된 무모한 도전은 금물이다. 돈을 벌려거든 공부는 필수, 실력은 기본이다. 충분한 지식 없이 주식시장에 뛰어드는 건 총칼 없이 전쟁터에 나서는 것이다. 아무쪼록 동학개미에게 이 책이 짧은 시간 안에 모든 노하우를 습득할 수 있는 주식 공부 비법, 투자의 정석이 되길 기대한다. 한 번에 이해가 안 된다면 반복 또 반복해 읽어주길 바란다. 그 노력의 결과로 코로나19로 인한 우울함을 한 방에 날려버릴, 투자수익이라는 해피엔딩으로 귀결되길 바란다.

마지막으로 나의 소중한 가족 박종운, 오여임, 이지선, 송기순, 박종문, 이영란, 박재민, 박재성, 박진희, 박민희, 김남훈, 이광진, 이영신, 이광수, 고재우에게 이 책을 바친다.

샌드타이거샤크가 되고 싶은 이유

샌드타이거샤크(Sand Tiger Shark)
따뜻한 바다에서 서식하는 대형 상어로 몸길이만 3미터가 넘는다. 평소 유영 속도는 느리지만 사냥을 시작하면 민첩하게 움직이며, 한번 먹이를 물면 절대 놓지 않는 습성이 있다.

한번 물면 이빨이 뽑히기 전까지 절대 놓지 않는다
샌드타이거샤크는 한번 먹이를 물면 절대 놓지 않는다. 나도 한번 매수한 주식은 절대 손해 보고 팔지 않으려 무척 노력한다. 끝까지 독하게 물고 늘어져 단 1원이라도 수익을 내야 직성이 풀린다.

동료를 물 정도로 냉정하다
샌드타이거샤크는 수틀리면 동료도 사정없이 물 정도로 냉혹하다. 주식시장은 총칼 없는 전쟁터다. 누군가는 패배의 쓴맛을 봐야 하는데 양보가 미덕일 리 없다. 한 치의 양보도 없는 샌드타이거샤크, 그 냉혹함이 좋다.

사냥할 때는 평소와 다르다
샌드타이거샤크는 평소 유영 속도는 느리지만, 사냥이 시작되면 매우 빨라진다. 내 투자법도 사냥이 시작되면 바로 공격 개시다. 더 이상 급등 그래프에 망설이지 않는다.

부레(공기주머니)가 없는 상어는 평생 헤엄쳐야 한다
상어는 부레가 없어 항상 헤엄을 쳐야 한다. 주식투자도 평생 헤엄쳐야만 하는 숙명이다. 평생을 헤엄쳐 살 거라면 이왕 시작한 거 최선을 다해서 노력해보기로 했다. 그래서 여러분께 이 글을 선보일 수 있었으리라.

차례

초보 투자자 기초 지식 쌓기
주식회사 흥망성쇠를 공부하자

첫째 날
종목 고르는 비법을 공부하자

주식 매매 원칙을 공부하자

호재 뉴스에 대해 공부하자

악재 뉴스에 대해 공부하자

주의해야 할 이슈를 공부하자

초보 투자자 기초 지식 쌓기

주식회사 흥망성쇠를 공부하자

초보 투자자
기초 지식 쌓기

첫째 날

둘째 날

셋째 날

넷째 날

다섯째 날

부록
돈 버는 투자 습관

샤크전자(주)
성장과 몰락 그 일대기

•

스토리텔링으로 주식회사의 성장과 몰락을 만나다

거래소에 상장하여 거래되는 물건은 주식회사다. 주식회사는 마치 우리의 인생역정과 같아서 태어나서 번성하고 정점을 달리다 쇠퇴하고 사라진다. 이 책에서는 스토리텔링 형식을 빌려 주식회사 흥망성쇠를 다룬다. 그 인생역정 속에서 알아두면 좋은 개념들을 곁들여 설명한다.

스토리텔링Story+Telling은 읽는 이의 흥미를 자극하며 상상력을 키우는 기법이다. 이 책에서 스토리텔링 기법을 사용하는 이유는 단 하나다. 투자에서 항상 스토리텔링을 했으면 하는 바람에서다. 마블 영화 〈닥터 스트레인지〉처럼 스토리텔링 방식으로 다양한 경우의 수를 만

들고 최적 조합을 예언할 수 있어야 한다.

샤크전자(주)의 태동, 성장, 정점, 배신, 몰락, 죽음을 다루다

샤크전자(주) 이야기는 실제 주식시장에서 발생할 수 있는 가상 스토리다. 특허기술을 보유한 주인공이 주식회사를 세우고 외부 투자를 받아 성장시킨다. 성장한 회사는 거래소에 상장도 하고 실적 향상에 따른 주가급등 정점을 향해 달려간다. 다만, 공동 투자자의 배신으로 인해 주인공이 쫓겨난다. 기술력이 부족한 공동 투자자의 무관심으로 회사는 몰락에 길로 접어든다. 결국 계속된 심폐소생술(유상증자, 주식관련사채 발행)에도 적자 지속으로 껍데기만 남는다. 회사는 분식회계로 인한 감사의견 거절과 상장폐지를 맞는다. 정리매매를 끝으로 거래소 상장 역사의 뒤안길로 사라진다.

투자 전문가 관점이라면 주가, 발행주식, 시가총액과 지분율 추이를 확인해야 한다. 어렵더라도 반복해서 봄으로써 내 것으로 만들자. 숫자에 대한 친숙함은 전문가가 되는 기본 중의 기본 필살기임을 잊지 말자.

샤크전자(주)의
흥망성쇠

초보 투자자
기초 지식 쌓기

첫째 날

둘째 날

셋째 날

넷째 날

다섯째 날

부록
돈 버는 투자 습관

샤크전자(주) 탄생

샤크전자(주) 탄생	특허권자 이샤크는 작은아버지 이샌드의 투자를 받아 액면가 1만 원, 발행주식 총수 2,000주로 샤크전자(주)를 설립
	발행주식　2,000주 **시가총액**　2,000만 원(1만 원×2,000주) **지분율**　이샤크 1,000주(50%), 이샌드 1,000주(50%)
현금배당	샤크전자(주)는 라디오를 생산 수익이 발생해 총 20만 원의 배당금을 지급

1. 특허 신기술로 회사설립을 꿈꾸다

한국대 졸업생 이샤크는 트랜지스터라디오를 만드는 신기술을 개발하고 특허를 받았다. 이샤크는 오디오 전문 회사를 만들고 싶었으나, 28세 젊은이는 기술력만 있을 뿐 창업 자금이 없었다.

2. 회사설립을 위한 대출 상담을 받았으나 실패하다

자금이 없던 이샤크는 은행 대출 상담을 받았다. 아파트를 보유했다면 아파트 담보대출, 급여생활자라면 급여를 담보로 대출을 받았겠으나, 이샤크는 특허기술만 보유한 명문대 졸업생일 뿐 담보 없는 대출은 어려웠다. 젊은이의 열정과 특허기술만으로는 스타트업 창업이 어려운 현실이었다.

3. 작은아버지 이샌드에게 투자를 제안받다

이샤크는 대출 불가에 낙담하고 증권사에 근무하는 작은아버지 이샌드를 찾아가 통사정했다. 이샌드는 특허기술을 검증한 후 투자를 제안한다. 이샤크가 주식회사를 설립하면 투자금만큼 보통주 주식으로 달라는 것이었다.

4. 샤크전자(주)를 설립하고 주식을 발행하다

이샤크는 아버지 증여금 1,000만 원에 작은아버지 투자금 1,000만 원으로 주식회사 샤크전자(주)를 설립했다.

　샤크전자(주)의 주식은 액면가 1만 원으로 발행주식 총수는 2,000주였다. 지분구조는 이샤크 1,000주(50%), 작은아버지 이샌드 1,000주(50%)다. 샤크전자(주)의 시가총액은 2,000만 원이다(1만 원×2,000주

=2,000만 원). 이샤크와 작은아버지 이샌드는 최대주주 및 특수 관계인이다.

(설립 시점) 샤크전자(주) 시가총액 및 주주현황

주가	1만 원
주식 수	2,000주
시가총액	2,000만 원(1만 원 × 2,000주)
주주 구성	이샤크 1,000주(50%), 이샌드 1,000주(50%)

5. (설립 1년 차 배당금 지급) 수익발생 주주에게 배당금을 지급하다

샤크전자(주)는 라디오를 생산하게 되었고 라디오는 생산과 동시에 불티나게 팔렸다. 회사 설립 첫해 샤크전자(주)는 수익이 크게 발생해 수익금 중 총 20만 원을 배당금(이샤크 10만 원, 이샌드 10만 원)으로 지급했다. 작은아버지 이샌드는 1,000만 원을 투자해 배당금 10만 원을 얻었다.

▶ 주식과 주식회사

상법상 회사는 합명, 합자, 유한, 주식회사로 구분된다. 그중 주식회사는 주식으로 구성된 회사다. 주식 보유자를 주주라 하고, 주식 보유 비율을 지분율이라 한다.

▶ 보통주와 우선주

보통주 주주는 주주총회에서 투표할 권리가 있다. 투표권이 없는 대신 배당금을 더 받는 우선주도 있다. 우선주는 종목명 뒤에 '우' 표시가 붙는다. 가령 삼성전자우, 롯데지주우 이런 식이다. 미리 정해둔 최소 배당금을 채권처럼 고정적으로 지급받는 신형우선주도 있다. 배당 면에서 우선주보다 매력적이다. 이익감소로 배당을 못 줄 경우 그다음 해에 누적해서 준다. 보통 신형우선주는 '우B'가 뒤에 붙는다. 가령 '동양3우B'면 주식회사 동양에서 3차로 발행한 신형우선주란 의미다.

▶ 액면가

주권에 적힌 가격을 액면가라고 한다. 액면가에 주식 수를 곱하면 회사 자본금이다. 회사가 성장하면 액면가보다 주가는 상승한다. 액면가가 없는 무액면 주식도 발행 가능하다. 따라서 액면가는 액면분할, 액면병합 외에는 큰 의미가 없다.

▶ 시가총액

상장주식의 1주당 가격(시가)과 발행 주식 수를 곱한 것이다. 아파트 가격에 비유한다면 평당 5,000만 원 30평형 아파트가 15억 원일 경우 평당 5,000만 원이 주가, 30평이 주식 수, 15억 원이 시가총액 개념이다.

▶ 최대주주와 특수관계인

최대주주는 주식 수가 가장 많은 자다. 최대주주는 얼마든지 바뀔 수 있다. 가령 지분율이 A 20%, B 30%, C 40%, D 10%라고 하면 일반적으로 최대주주는 지분율 40%인 C가 된다. A(20%), B(30%), D(10%)가 의기투합한다면 지분율 60%로 최대주주가 바뀔 수 있다. 그런데 A(20%)가 C(40%)와 다시 손을 잡으면 지분율 60%로 최대주주가 된다. 특수관계인은 최대주주와 가까운 사이로 최대주주 친인척, 회사 임원, 자회사 등이다. 최대주주와 특수관계인 지분이 변동되면 이를 공시(기업 내부 정보 공개)해야 한다.

▶ 자본금

총자본은 나의 돈인 자기자본(순자산)과 타인자본인 부채로 구성된다. 순자산은 납입자본금, 잉여금, 자본조정, 기타포괄손익누계액 등으로 구성된다. 자본금은 수권자본금과 납입자본금으로 구분할 수 있다. 수권자본금은 증자할 수 있는 최대 자본금으로 정관에 기재된다. 수권자본금 범위 내에서는 이사회 결의로 수시로 증자할 수 있다. 수권자본금을 늘리려면 주주총회 특별결의를 거쳐야 한다. 납입자본금은 수권자본금 범위 내에서 주식을 발행해 자본금으로 확정된 금액이다. 따라서 납입자본금은 발행된 주식 수와 액면가의 곱이다.

잉여금은 자본잉여금과 이익잉여금으로 구성된다. 자본잉여금은 주식을 액면가 이상으로 발행할 경우 액면가 초과 발행금액이다. 이익잉여금은 배당하고 남은 당기순이익이다. 배당금 재원으로 자본잉여금을 쓰지 못한다. 잉여금이 많으면 무상증자 가능성이 높다.

▶ 배당금

회사가 배당금을 반드시 지급할 의무는 없다. 그러나 보통 이익잉여금 범위 내에서 현금, 주식 등으로 한다. 횟수도 제한이 없어 삼성전자 등은 분기배당도 한다. 배당받을 수 있으면 배당부, 배당받을 수 없으면 배당락이 된다. 배당 기준일 2영업일 전이 배당부, 1영업일 전은 배당락이다.

초보 투자자
기초 지식 쌓기

첫째 날

둘째 날

셋째 날

넷째 날

다섯째 날

부록
모 뛰는 투자 습관

제1차 유상증자	제2공장을 설립하기 위해 벤처캐피털로부터 2,000만 원 투자받음(2만 원×1,000주)		
	발행주식	3,000주(2,000주 + 유상증자 1,000주)	
	시가총액	6,000만 원(2만 원×3,000주)	
	지분율	이샤크 1,000주(33.3%), 이샌드 1,000주(33.3%), 벤처캐피털 1,000주(33.3%)	
무상증자	수익증가로 100% 무상증자 결정, 총발행주식 수가 3,000주에서 6,000주로 증가		
	발행주식	6,000주(3,000주 + 무상증자 3,000주)	
	시가총액	1억 2,000만 원(2만 원×6,000주)	
	지분율	이샤크 2,000주(33.3%), 이샌드 2,000주(33.3%), 벤처캐피털 2,000주(33.3%)	
회사채 발행	TV 사업에 진출하려고 유상증자를 검토했으나 경영권 방어를 위해 회사채 발행. 10년 3% 이자율로 4,000만 원어치 발행		

6. (설립 3년 차 신규 투자 고민) 사업이 잘돼서 제2공장 설립을 위한 신규 투
   자를 고민하다

샤크전자(주)는 설립 이후 3년간 사업이 잘되었고 넘쳐나는 제품수
요에 추가로 제2공장을 세우기로 했다. 다만, 지난 3년간 수익금만으
로는 부족해 작은아버지 이샌드에게 추가 투자를 부탁했다. 작은아
버지는 추가 투자할 자금 여력이 안 되었다.

7. (설립 3년 차 유상증자) 제1차 유상증자(제삼자 배정, 사모)를 하다

이샤크는 작은아버지 지인의 벤처캐피털 회사에 투자를 요청했고 벤처캐피털 회사는 2,000만 원을 투자(제삼자 배정)하기로 했다. 그동안 수익 발생과 향후 성장성 등을 고려해 액면가 1만 원의 2배인 1주당 2만 원으로 1,000주를 사모 발행하게 되었다.

샤크전자(주) 시가총액이 회사 설립 시점 2,000만 원에서 6,000만 원으로 3년 만에 3배 증가했다. 유상증자 결과 이샤크와 이샌드 두 사람의 지분율은 66.6%로 경영권 방어에는 문제없었다.

(설립 3년 차 유상증자) 샤크전자(주) 시가총액 및 주주현황

구분	최초 설립 시	설립 3년 차 사모 유상증자 후
주가	1만 원	2만 원
주식 수	2,000주	3,000주 (2,000주 + 유상증자 1,000주)
시가총액	2,000만 원(1만 원×2,000주)	6,000만 원(2만 원×3,000주)
주주 구성	이샤크 1,000주(50%) 이샌드 1,000주(50%)	이샤크 1,000주(33.3%) 이샌드 1,000주(33.3%) 벤처캐피털 1,000주(33.3%)

8. (설립 4년 차 주가 상승) 설립 초기 대비 시가총액이 4.5배 성장하다

샤크전자(주) 설립 4년 차 1주당 주가는 3만 원으로 상승했고 그 결과 시가총액은 4년 전 2,000만 원 대비 4.5배 오른 9,000만 원이 되었다.

(설립 4년 차 주가 상승) 샤크전자(주) 시가총액 및 주주현황

구분	최초 설립 시	설립 3년 차(유상증자)	설립 4년 차(주가 상승)
주가	1만 원	2만 원	3만 원
주식 수	2,000주	3,000주	3,000주
시가 총액	2,000만 원 (1만 원×2,000주)	6,000만 원 (2만 원×3,000주)	9,000만 원 (3만 원×3,000주)
주주 구성	이샤크 1,000주(50%) 이샌드 1,000주(50%)	이샤크 1,000주(33.3%) 이샌드 1,000주(33.3%) 벤처캐피털 1,000주(33.3%)	이샤크 1,000주(33.3%) 이샌드 1,000주(33.3%) 벤처캐피털 1,000주(33.3%)

9. (설립 5년 차 무상증자) 주주에게 무상증자로 성장 열매를 나누다

샤크전자(주)는 수익이 계속 증가함에 따라 회사 설립 5년 차에 1주에 1주를 더 주는 100% 무상증자를 결정했다. 이에 샤크전자(주) 발행주식 총수는 기존 3,000주에서 6,000주로 2배 증가되었다.

무상증자에 따라 주가도 조정되었다. 무상증자 전 샤크전자(주) 주가는 1주당 3만 원이었는데 무상증자 결정으로 1만 5,000원으로 대략 50% 하락 조정되었다.

다만, 가격 조정 후에도 실적개선 등을 감안해 주가는 추가 상승한 결과 1주당 2만 원이 되었다. 무상증자 결과 주주 3명 모두 동일하게 1,000주씩 증가하므로 지분율 변화는 없다.

(설립 5년 차 무상증자) 샤크전자(주) 시가총액 및 주주현황

구분	설립 3년 차(유상증자)	설립 4년 차(주가 상승)	설립 5년 차(무상증자)
주가	2만 원	3만 원	2만 원
주식 수	3,000주	3,000주	6,000주 (3,000주 + 무상증자 3,000주)
시가 총액	6,000만 원 (2만 원×3,000주)	9,000만 원 (3만 원×3,000주)	1억 2,000만 원 (2만 원×6,000주)
주주 구성	이샤크 1,000주(33.3%) 이샌드 1,000주(33.3%) 벤처캐피털 1,000주(33.3%)	이샤크 1,000주(33.3%) 이샌드 1,000주(33.3%) 벤처캐피털 1,000주(33.3%)	이샤크 2,000주 (33.3%) 이샌드 2,000주(33.3%) 벤처캐피털 2,000주(33.3%)

초보 투자자
기초 지식 쌓기

첫째 날

둘째 날

셋째 날

넷째 날

다섯째 날

부록
돈 버는 투자 습관

10. (설립 6년 차 회사채 발행) 제3공장 설립을 위해 회사채를 발행하다

샤크전자(주)는 라디오 사업 성공을 발판으로 TV 산업 진출을 결정했다. 그런데 TV 생산을 위한 제3공장 건설에 4,000만 원이 필요했다.

이샤크는 고민이 많아졌다. 4,000만 원을 벤처캐피털로부터 투자받으면 벤처캐피털 주식 수가 2,000주(2,000주×2만 원=4,000만 원) 더 늘어난다. 현재 이샤크 2,000주(33.3%), 이샌드 2,000주(33.3%), 벤처캐피털 2,000주(33.3%) 구조가 이샤크 2,000주(25%), 이샌드 2,000주(25%), 벤처캐피털 4,000주(50%)로 바뀐다. 벤처캐피털 지분이 이샤크와 이샌드의 합과 동일하므로 경영권 유지가 위태롭다. 고민 끝에 이샤크는 이자를 주더라도 회사채 발행을 선택했다. 회사 신용등급이 좋아 만기 10년 연 3%로 채권을 발행할 수 있었다. 그렇게 회사채를 발행해 TV 생산을 위한 제3공장을 세웠다.

▶ 증자와 감자

증자는 주식 수 늘리기, 감자는 주식 수 줄이기다. 증자와 감자를 유상과 무상으로 나눌 수 있다. 투자자에게 손해 안 가는 행위가 무상증자와 유상감자다. 무상증자는 투자자에게 공짜로 주식을 주고, 유상감자는 투자자에게 보상하고 주식 수를 줄이니까 호재다. 반대로 유상증자는 투자자 돈으로 주식 수를 늘리고, 무상감자는 회사가 투자자에게 보상 없이 주식 수를 줄이니 악재다. 공모는 다수에게, 사모는 소수에게 하는 유상증자다. 보통 50인 기준으로 공모와 사모를 구분한다.

▶ 무상증자 가격 조정

무상증자는 회삿돈으로 주식 수를 늘리는 것으로 투자자에게는 공짜 주식이다. 무상증자 이후 동일한 시가총액을 유지하기 위해 주가를 하향 조정한다. 100% 무상증자라면 주식 수가 2배로 늘었으니 주가는 대략 50% 줄어드는 이치다. 권리락 일부터 조정된 가격으로 매매된다.

▶ 회사채

채권은 대출처럼 이자를 지급받고 만기 시 원금을 돌려받는다. 채권은 발행 주체에 따라 국채(국가), 공채(공공기관), 회사채(회사)로 나뉜다. 회사채는 회사가 발행하는데 회사 신용등급이 낮을수록 위험성을 감안해 금리가 높다. 신용등급이 너무 나쁘면 회사채 발행이 어렵다.

▶ 신용등급

회사는 신용평가사(한국기업평가, NICE신용평가, 한국신용평가)로부터 받은 신용등급에 따라 대출 가능 여부, 대출금리 등이 정해진다. 신용등급은 AAA, AA, A, BBB, BB, B, CCC, CC, C, D 등급으로 구성된다.

거래소 신규 상장

거래소 상장 (IPO)	거래소 상장을 위한 대표 주관회사(증권사) 선정 IPO 공모 1억 2,000만 원(4,000주 × 공모가 3만 원)	
	발행주식	1만 주(6,000주 + 공모주 4,000주)
	시가총액	3억 원(3만 원 × 1만 주)
	지분율	이샤크 2,000주(20%), 이샌드 2,000주(20%) 벤처캐피털 2,000주(20%), 소액주주 4,000주(40%)
거래소 첫 매매	최초 매매일 시작 가격은 공모가 2배인 6만 원 첫날 종가는 6만 원의 상한가(30%)인 78,000원	
	발행주식	1만 주
	시가총액	7억 8,000만 원(78,000원 × 1만 주)
	지분율	이샤크 2,000주(20%), 이샌드 2,000주(20%) 벤처캐피털 2,000주(20%), 소액주주 4,000주(40%)

첫째 날

둘째 날

셋째 날

넷째 날

다섯째 날

부록
돈 버는 투자 습관

11. (설립 10년 차 상장심사 통과) 거래소 상장 심사 절차를 통과하다

회사 설립 10년 차 샤크전자(주)는 상장 전담 대표 주관회사(증권사)
를 선정하고 거래소에 상장을 추진한다. 거래소 상장을 통해 코스닥
상장사로 평가받고 싶었다. 높은 가격에 추가 투자도 받길 희망했다.
코스닥시장 상장심사 서류를 거래소에 제출한 샤크전자(주)는 심사
통과 소식을 듣는다.

12. (설립 10년 차 IPO) 거래소 상장을 위한 IPO를 하다

거래소 상장을 위해 IPO_{Initial Public Offering}를 하기로 했다. IPO란 비상장 기업이 거래소 상장을 위해 주식을 불특정 다수에게 매도하는 것이다. 이 경우 주식은 우리사주조합 20%, 일반 투자자 25% 이상, 고수익 펀드와 기관투자자에게 잔여분을 배정한다. 우리사주조합 청약분이 미달되면 일반투자자에게 5%까지 추가 배정한다. 이럴 경우 일반투자자 배정분은 최대 30%까지 늘어난다. 샤크전자(주)의 IPO는 계산 편의를 위해 일반 투자자를 대상으로 4,000주를 발행했으며, 공모가는 주당 3만 원으로 총 공모금액은 1억 2,000만 원(4,000주×3만 원)이다. 공모주 청약 결과 100대 1 경쟁률이었다. 즉 300만 원을 신청하면 3만 원 주식 1주를 배정받는 청약 과열이었다. 공모주 배정 방식은 물량의 절반 이상은 균등배정(청약증거금 상관없이 동등량 배정), 나머지는 비례배정(청약증거금이 많을수록 더 배정) 방식을 혼합한다.

(설립 10년 차 IPO) 샤크전자(주) 시가총액 및 주주현황

구분	설립 4년 차(주가 상승)	설립 5년 차(무상증자)	설립 10년 차(IPO 이후)
주가	3만 원	2만 원	3만 원
주식 수	3,000주	6,000주	1만 주 (6,000주＋공모주 4,000주)
시가 총액	9,000만 원 (3만 원×3,000주)	1억 2,000만 원 (2만 원×6,000주)	3억 원 (3만 원×1만 주)
주주 구성	이샤크 1,000주(33.3%) 이샌드 1,000주(33.3%) 벤처캐피털 1,000주(33.3%)	이샤크 2,000주(33.3%) 이샌드 2,000주(33.3%) 벤처캐피털 2,000주(33.3%)	이샤크 2,000주 (20%) 이샌드 2,000주(20%) 벤처캐피털 2,000주(20%) 소액주주 4,000주(40%)

거래소 상장을 통해 1억 2,000만 원 공모자금 투자를 받은 샤크전자(주)의 시가총액은 최초 설립 시점 2,000만 원 대비 15배가 성장한 3억 원이 되었다. 다만, 공모주로 인해 이샤크, 이샌드 지분율은 기존 66.6%에서 40%로 줄었다.

13. (설립 10년 차 상장 첫날 매매) 상장 첫날 매매가 시작되다

샤크전자(주)는 코스닥시장에서 매매가 시작되었다. 상장 첫날 시작가격은 공모가액의 2배인 6만 원, 첫날 종가는 6만 원 기준 상한가의 30%인 78,000원이 되었다. 성장성이 부각되었기에 상장 첫날 물량확보를 위한 투자자들의 시장가 주문도 많았다.

(설립 10년 차 상장 첫날 매매) 샤크전자(주) 시가총액 및 주주현황

구분	설립 5년 차(무상증자)	설립 10년 차(IPO 이후)	설립 10년 차 (상장 첫날 종가)
주가	2만 원	3만 원	7만 8,000원
주식 수	6,000주	1만 주	1만 주
시가 총액	1억 2,000만 원 (2만 원×6,000주)	3억 원 (3만 원×1만 주)	7억 8,000만 원 (78,000원×1만 주)
주주 구성	이샤크 2,000주(33.3%) 이샌드 2,000주(33.3%) 벤처캐피털 2,000주(33.3%)	이샤크 2,000주(20%) 이샌드 2,000주(20%) 벤처캐피털 2,000주(20%) 소액주주 4,000주(40%)	이샤크 2,000주(20%) 이샌드 2,000주(20%) 벤처캐피털 2,000주(20%) 소액주주 4,000주(40%)

▶ **대표 주관회사**

거래소 상장을 전담하는 증권사가 대표 주관회사다. 대표 주관회사는 상장 서류 준비, 상장 예비심사 청구, 공모주 청약 등 제반 절차를 지원하고 수수료를 받는다. 또한 상장대상 회사와 계약 내용에 따라 공모주 청약이 미달할 경우 미달한 주식을 떠안을 의무 등도 있다.

▶ **상장과 비상장**

상장은 거래소 유가증권시장(KOSPI), 코스닥시장, 코넥스시장에서 매매되는 경우다. 유가증권시장은 대형회사, 코스닥시장과 코넥스시장은 벤처회사 중심이다. 미국도 다우는 대형회사, 나스닥은 벤처회사 중심이다. 비상장은 거래소에 매매되지 않는 경우로 장외시장이라고도 한다.

▶ **상장주식 첫날 매매 방식**

상장 첫날의 기준 가격 결정을 위한 호가접수 시간(08:30~09:00)에 보통주 기준 가격 50~200% 범위 내 주문(상장 공모법인 보통주는 90~200%)을 받아 오전 9시 장 개시와 동시에 매매가 시작된다. 상한가는 기준가격 +30%, 하한가는 −30%다. 시가는 오전 9시 시작 가격, 종가는 오후 3시 30분 마감 가격, 고가는 하루 중 가장 높은 가격, 저가는 가장 낮은 가격이다.

▶ **거래소 매매거래 시간 및 호가접수 시간**

동시호가는 동시에 주문을 받아 한 번에 체결하는 방식으로 동시 주문 시간은 장 개시 전 30분(08:30~09:00)과 장 종료 전 10분(15:20~15:30)이며, 각각 9시(08:30~09:00 주문)와 15시 30분(15:20~15:30 주문) 일괄 체결된다.

구분	호가접수 시간	매매거래 시간
시간외종가	08:30~08:40(전일종가)	

초보 투자자
기초 지식 쌓기

첫째 날

둘째 날

셋째 날

넷째 날

다섯째 날

부록
돈 버는 투자 습관

정규시장 (장전동시호가) (장마감동시호가)	08:30~15:30 (08:30~09:00) (15:20~15:30)	09:00~15:30 (09:00) (15:30)
시간외종가	15:30~16:00(당일종가)	15:40~16:00(당일종가)
시간외단일가	16:00~18:00(당일종가 ±10%)	

장전동시호가 단일가 예상 체결 정보 공표 시간 08:40~09:00

▶ 시간외매매 방법

시간외매매는 시간외종가매매와 시간외단일가매매로 구성된다. 시간외
종가매매는 종가로만 매매되며, 시간외단일가매매는 종가 기준 ±10%로
매매된다. 세부적으로 살펴보면 시간외종가매매는 당일종가(15:30~
16:00 호가접수, 15:40~16:00 거래), 전일종가(익일 08:30~08:40 호가접수
및 거래)로 거래된다. 시간외단일가매매는 16:00~18:00 동안 10분 단위
단일가 매매로 가격은 당일종가 ±10%(다만, 당일 상하한가 이내)로 체결
된다.

▶ 시장가, 지정가 호가 개념

호가(부를 호 呼, 값 가 價)는 매수와 매도 주문 가격이다. 여러 호가 중 시
장가, 지정가를 주로 사용한다. 시장가는 매매체결, 지정가는 가격에 방
점을 둔다. 시장가 주문은 가격을 정하지 않고 수량만 정할 수 있다. 호
재엔 빨리 사고 악재엔 빨리 팔고 싶다면 시장가 주문이 제격이다. 반대
로 지정가 주문은 매수(매도) 가격을 정해놓고 그 가격이 되어야만 매매
가 체결된다. 조건부지정가는 장중에는 지정가, 장마감 10분 전에(동시
호가)에 시장가 주문으로 전환된다. 최유리지정가는 상대에게 유리한 호
가로 주문한다. 매수는 매도자에게 유리한 최우선 매도호가, 매도는 매
수자에게 유리한 최우선 매수호가다. 최우선지정가는 반대로 내가 우선
이다. 매수는 최우선 매수호가, 매도는 최우선 매도호가다.

유동성 확대를 위한 액면분할			
투자경고 종목 지정	유통주식 수 부족으로 주가급등 소수지점(계좌) 매수관여 과다종목 지정 투자경고종목, 투자위험종목으로 지정		
액면분할	유통주식 수 확대를 위한 10대 1 액면분할 결정		
	발행주식	10만 주(1만 주 → 10만 주)	
	시가총액	7억 8,000만 원(7,800원 × 10만 주)	
	지분율	이샤크 2만 주(20%), 이샌드 2만 주(20%), 벤처캐피털 2만 주(20%), 소액주주 4만 주(40%)	

14. (설립 11년 차 투자경고종목 지정) 유통주식 수 부족으로 주가가 급등한 결과 투자경고종목으로 지정되다

우량회사 샤크전자(주)에 대한 기관투자자와 외국인 투자가 늘어나 5% 지분공시를 국민연금, 자산운용사, 외국계 연기금 등이 했다. 그들 지분은 총 20%였다. 유통주식 수가 발행주식 총수의 20%로 적다 보니 유통주식 수가 적은 소위 품절주가 되었다.

샤크전자(주)가 주가급등으로 인해 투자경고종목, 투자위험종목으로 지정되었다. 그런데 주가급등 원인이 소수계좌 관여 때문이었음이 공시되었다. 주가 이상급등으로 주가 하락을 노린 공매도도 활개를 쳤다. 주가 이상급등에 따라 거래소는 조회공시를 요구하기도 했다.

이샤크는 유통주식 수 부족으로 작전세력 놀이터가 되는 게 불편했다. 기업가치에 따라 시장평가를 받고 싶었다. 결국 유통주식 수를 늘리기로 했다. 방법으로 유(무)상증자가 있을 수 있겠으나 유상증자의 경우 IPO한 지 얼마 되지 않았고, 제삼자 배정이면 최대주주 등 지분율이 감소할 우려가 있었다. 유보금으로는 무상증자보다는 성장을 위한 R&D 투자가 더 필요하다고 판단했다. 이샤크는 액면분할을 전격 결정했다. 액면가 1만 원 주식 1주를 액면가 1,000원 주식 10주로 만들어 유통주식을 늘리는 것이다.

(설립 11년 차 액면분할) 샤크전자(주) 시가총액 및 주주현황

구분	설립 10년 차 (IPO 이후)	설립 10년 차 (상장 첫날 종가)	설립 11년 차 (액면분할 후)
주가	3만 원	7만 8,000원	7,800원 (78,000원 → 7,800원)
주식 수	1만 주	1만 주	10만 주 (1만 주 → 10만 주)
시가 총액	3억 원 (3만 원×1만 주)	7억 8,000만 원 (78,000×1만 주)	7억 8,000만 원 (7,800원×10만 주)
주주 구성	이샤크 2,000주(20%) 이샌드 2,000주(20%) 벤처캐피털 2,000주(20%) 소액주주 4,000주(40%)	이샤크 2,000주(20%) 이샌드 2,000주(20%) 벤처캐피털 2,000주(20%) 소액주주 4,000주 (40%)	이샤크 2만 주(20%) 이샌드 2만 주(20%) 벤처캐피털 2만 주(20%) 소액주주 4만 주(40%)

▶ 공시(公 공평할 공, 示 보일 시, Disclosure)

공시는 기업 내부 정보를 투자자에게 공개하는 행위다. 회사 내부자와 투자자 간의 정보 비대칭을 해소하기 위한 조치다. 공시자료는 금감원 공시사이트 다트에서 확인 가능하다.

▶ 5% 지분공시

발행주식 5% 이상을 보유한 투자자는 주식 등의 대량보유상황보고서를 제출할 의무가 있다. 지분이 5% 이상 되면 1% 이상 지분증가(감소)되는 경우 추가 공시해야 한다. 5% 미만이 되면 공시의무가 사라진다. 5% 이상 보유 주체는 주로 큰손인 기관투자자, 외국인이다. 지분 보유 목적을 단순 투자, 경영 참여 등으로 공시하는 데 경영 참여 목적이면 경영권 분쟁이 발생하기도 한다. 회사 내부자인 회사 임원과 지분율 10% 이상인 주요주주, 최대주주의 특수관계인 등은 단 1주라도 변동이 있으면 공시해야 한다. 대상 공시서류는 임원·주요주주특정증권등소유상황보고서다.

▶ 투자경고, 투자위험 종목

거래소는 단기간 주가가 이상급등한 경우 투자경고, 투자위험 종목으로 지정한다. 과열 정도에 따라 '투자경고 지정예고 → 투자경고 → 투자위험 지정예고 → 투자위험 지정' 순이다. 과열이 진정되면 역순으로 '투자위험 해제 → 투자경고 → 투자경고 해제' 순이다. 급등에 따른 경고를 받았으니 주가에 악재다.

▶ 소수지점(계좌) 매수관여 과다종목

거래소는 시장 감시를 통해 소수지점(계좌) 매수관여 과다종목을 공시한다. 소수에 의해 가격왜곡이 발생하는 것으로 작전세력이 밝혀졌으니 더 이상 작전이 어렵다. 공시 이후 주가는 제자리로 돌아갈 가능성이 높다. 늦게 뛰어든 불나방 투자자들만 손해 본다.

▶ 단기과열 완화장치

거래소는 주가 상승률, 평균 회전율, 일중 변동성 등을 기준으로 이상급
등, 과열 여부를 판단해 단기과열 완화장치를 발동한다. 3거래일 동안
30분 단위 단일가매매 방식이다. 30분 단위로 매매가 되다 보니 매매가
자유롭지 않아 작전세력 입장에서 매력도가 떨어진다.

▶ 공매도(空賣渡, Short Stock Selling)

공매도의 공은 비어 있다는 의미의 빌 공空이다. 주가 하락이 예상될 경
우 주식이 없는 상태에서 주식을 빌려서 비싸게 먼저 팔고 주가 하락 이
후 주식을 싸게 재매수해 갚는 개념이다. 주로 자금 여력이 되는 외국인,
기관투자자들 투자 패턴으로 주가가 급등하면 공매도가 증가하는데, 이
는 악재다. 공매도가 심한 종목은 거래소가 공매도 과열 종목으로 지정
해 하루 동안 공매도를 금지한다.

▶ 액면분할(액면병합)

액면분할은 액면가를 낮춰 주식 수를 늘리는 것, 액면병합은 액면가를
높여 주식 수를 줄이는 것이다. 즉 5,000원 10주를 500원 100주로 액면
분할 하거나, 500원 100주를 5,000원 10주로 액면병합 하는 식이다. 케
이크에 비유하자면 케이크 6조각을 하나로 합치는 거나, 케이크 하나를
6조각으로 나누는 것으로 결국 달라지는 건 없다. 유동성이 너무 심하
면 합치고, 유동성이 너무 부족하면 나누는 것이다. 액면병합이나 분할
모두 유동성 과다(부족) 등 안 좋은 점을 개선하는 것이므로 단기 호재
로 인식한다.

주인이 바뀐 후 사세가 기울다

최대주주 변경	작은아버지 이샌드는 벤처캐피털과 손잡고 이샤크를 쫓아내고 회사 경영권을 장악	
제2차 유상증자	비전문가 이샌드는 골프 사업부를 신설하고 R&D 투자를 등한시한 결과 3년 연속 대규모 적자를 기록 현금 부족으로 1,000만 원 유상증자를 결정(100원×10만 주)	
	발행주식	20만 주(10만 주＋유상증자 10만 주)
	시가총액	1,000만 원(50원×20만 주)
	지분율	이샤크 2만 주(10%), 이샌드 2만 주(10%), 벤처캐피털 2만 주(10%), 소액주주 14만 주(70%)
물적분할 실패	망해가는 전자제품 사업과 골프 사업을 분리하고 싶어져 물적분할을 추진했으나 실패 벤처캐피털은 지분을 기업사냥꾼에게 시간외매도	

16. (설립 13년 차 최대주주 변경) 작은아버지 이샌드는 벤처캐피털과 손잡고
    창업주 이샤크를 최대주주에서 몰아내다

권불십년權不十年이라 했던가. 작은아버지 이샌드의 욕심이 결국 화를
부른다. 작은아버지 이샌드(지분 20%)는 벤처캐피털(지분 20%)과 합
심해 조카 이샤크(지분 20%)를 몰아낸다. 가족 간 끈끈한 정으로 13년
간 운영해온 회사 주인이 주주총회를 통해 이샤크(20%)+이샌드
(20%)에서 이샌드(20%)+벤처캐피털(20%)로 바뀌었다. 이샌드는 새
롭게 회사의 CEO가 되고 반역 동참자 벤처캐피털도 임원 한자리를
차지한다.

초보 투자자
기초 지식 쌓기

첫째 날

둘째 날

셋째 날

넷째 날

다섯째 날

부록
돈 버는 투자 습관

17. (설립 13년 차 골프 사업 신규 진출) 전자산업과 무관한 골프 사업부를 신설한다

기술 문외한인 이샌드는 R&D 투자에는 무관심하고 오로지 골프에만 심취해 있었다. 이샌드는 급기야 전자제품 회사에 난데없이 골프 사업부를 신설한다. R&D 투자 비용으로 골프장을 매입하곤 벤처캐피털에서 온 임원과 골프장으로 매일 출퇴근한다. 실력 있던 전자제품 회사는 R&D 투자 부족으로 기술력이 도태된다. 기술력을 믿고 장기투자했던 기관투자자, 외국인 실망 매도가 이어졌음을 5% 지분변동 공시를 통해 알 수 있다.

18. (설립 16년 차 3년간 적자로 유상증자) 3년 연속 영업적자를 기록한 샤크전자(주), 제2차 유상증자로 긴급 운영자금을 마련하다

건실했던 회사는 3년간 대규모의 당기순손실을 보게 된다. 결국 회사는 부족한 운영자금 1,000만 원 마련을 위해 유상증자를 결정한다. 그런데 주가는 액면분할 당시의 좋은 회사인 1주당 7,800원(액면분할 전 78,000원)이 더 이상 아니다. 하락을 거듭해 1주당 100원(액면분할 전 1,000원)이다. 수권자본금 범위 내에서는 이사회 결의로 수시로 증자할 수 있으나 회사가 부실해져 액면가 이하 발행이기에 주주총회 특별결의를 거쳤다.

(설립 16년 차 3년 연속 영업손실) 샤크전자(주) 시가총액 및 주주현황

구분	설립 10년 차 (상장 첫날 종가)	설립 11년 차 (액면분할 후)	설립 16년 차 (3년 연속 영업손실)
주가	78,000원	7,800원	100원
주식 수	1만 주	10만 주	10만 주
시가 총액	7억 8,000만 원 (78,000원×1만 주)	7억 8,000만 원 (7,800원×10만 주)	1,000만 원 (100원×10만 주)
주주 구성	이샤크 2,000주(20%) 이샌드 2,000주(20%) 벤처캐피털 2,000주(20%) 소액주주 4,000주(40%)	이샤크 2만 주(20%) 이샌드 2만 주(20%) 벤처캐피털 2만 주(20%) 소액주주 4만 주(40%)	이샤크 2만 주(20%) 이샌드 2만 주 (20%) 벤처캐피털 2만 주(20%) 소액주주 4만 주(40%)

이샌드는 망해가는 회사에 더 투자하고 싶지 않았다. 결국 본인을 포함한 기존 주주를 배제하고 일반 공모로 유상증자를 추진한다. 1,000만 원 마련을 위해 1주당 100원에 10만 주를 발행한다(100원× 10만 주=1,000만 원). 이젠 과거와 같은 청약경쟁률을 기대하기도 힘들어 청약 미달로 대표 주관회사가 안 팔린 물량을 떠안았다.

기존 샤크전자(주)의 주식 수는 10만 주였는데 10만 주를 추가하게 되면서 총발행주식 수는 20만 주가 되었다. 주주 비율은 이샌드 10%(2만 주), 벤처캐피털 10%(2만 주), 이샤크 10%(2만 주), 일반 투자자 70%(총 14만 주=기존 4만 주+신규 유상증자 10만 주)가 되었다. 이샌드, 벤처캐피털, 이샤크 모두 유상증자에서 배제되었기 때문에 지분율이 각자 기존 20%에서 10%로 줄었다. 이제 이샌드와 벤처캐피털 지분은 다해서 20%로 경영권 방어가 위태롭다.

(설립 16년 차 제2차 유상증자) 샤크전자(주) 시가총액 및 주주현황

구분	설립 11년 차 (액면분할 후)	설립 16년 차 (3년 연속 영업손실)	설립 16년 차 (2차 유상증자 후)
주가	7,800원	100원	50원
주식 수	10만 주	10만 주	20만 주 (10만 주 + 유상증자 10만 주)
시가 총액	7억 8,000만 원 (7,800원 × 10만 주)	1,000만 원 (100원 × 10만 주)	1,000만 원 (50원 × 20만 주)
주주 구성	이샤크 2만 주(20%) 이샌드 2만 주(20%) 벤처캐피털 2만 주(20%) 소액주주 4만 주(40%)	이샤크 2만 주(20%) 이샌드 2만 주(20%) 벤처캐피털 2만 주(20%) 소액주주 4만 주(40%)	이샤크 2만 주(10%) 이샌드 2만 주(10%) 벤처캐피털 2만 주(10%) 소액주주 14만 주(70%)

19. (설립 17년 차 물적분할 실패) 샤크전자(주) 전자제품 사업과 골프 사업에 대한 물적분할을 추진했으나 실패하다

이샌드는 망해가는 전자 사업과 골프 사업을 분리하고 싶어졌다. 전자 사업이 망해도 자신이 좋아하는 골프장만은 꼭 지키고 싶어서 물적분할을 추진한다. 그러나 공동 사업자인 벤처캐피털은 이에 반대하고 지분을 이샌드와 친분 있던 기업사냥꾼에게 시간외 블록딜로 매각한다. 이샌드(10%)와 기업사냥꾼(10%) 주도로 물적분할이 진행된다. 골프 사업부만 샤크전자(주)에 남기고 전자 사업은 100% 자회사 형태로 운영하려 했다. 모든 부채와 부실자산을 전자 자회사로 몰아넣고 좋은 건 모두 골프 회사에 둔 다음 전자 자회사는 폐업하고 골프장을 매각해 현금을 확보하려 했다. 그러나 유상증자 이후 보유 지분이 적어져 주주총회 특별결의 통과에 실패한다.

▶ 주주총회

주주들의 의결 기구로 정기총회, 임시총회가 있다. 정기총회는 재무제표 승인, 이익배당, 임원선임(보수 결정) 등을 결산기(12월 말 결산법인은 익년도 1분기)에 결정한다. 임시총회는 정관변경, 감자, 영업 양도, 이사 해임 등 중요 사항을 수시로 논한다. 주주 의결권은 1주에 한 개다. 즉, 삼성전자 500주를 보유하면 500개 의결권이 있다.

결의 방법에 따라 보통결의(출석주주 의결권의 2분의 1, 발행주식 총수의 4분의 1 이상)와 특별결의(출석주주 의결권의 3분의 2, 발행주식 총수의 3분의 1 이상)로 나뉜다. 중요한 사항들은 특별결의로 처리한다. 특별결의는 정관변경, 해산, 합병(분할), 이사·감사 해임, 영업양도(양수), 액면 미달 주식 발행, 주주 이외의 자에 대한 전환사채와 신주인수권부사채 발행, 주식 소각 등의 경우다.

▶ 물적분할

기업분할은 회사를 나누는 것으로 주주총회 특별결의 사항이다. 인적분할은 신설법인 소유권이 기존 주주에게, 물적분할은 기존 회사에게 주어진다. 물적분할은 기존 기업이 모회사, 신설회사가 100% 자회사가 된다. 가령 A기업 지분을 홍길동이 20% 보유했다면 인적분할은 홍길동이 기존 A기업 지분 20%와 신설회사 지분 20%를 각각 보유한다.

물적분할은 홍길동이 신설회사 지분 20%를 보유할 수 없다. 대신 홍길동이 20% 지분을 보유한 A기업(모회사)만 신설회사(자회사) 지분을 100% 보유한다.

물적분할에 반대하는 주주에게는 주식매수청구권(반대주주 주식을 회사가 매수해줄 권리)이 주어진다. 이 경우 회사가 정해진 가격에 주식을 매수해준다. 주식매수청구 신청이 너무 많을 경우 회사가 매수청구 요구를 다 들어줄 수 없어 합병·분할 등이 취소될 수도 있다.

인적분할은 기존 주주들이 지분율대로 신설법인 주식을 나눠 갖기에 주식매수청구권이 없다.

초보 투자자
기초 지식 쌓기

첫째 날

둘째 날

셋째 날

넷째 날

다섯째 날

부록
돈 버는 부자 습관

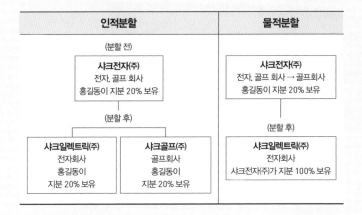

인적분할	물적분할
(분할 전)	
샤크전자(주) 전자, 골프 회사 홍길동이 지분 20% 보유	**샤크전자(주)** 전자, 골프 회사 → 골프회사 홍길동이 지분 20% 보유
(분할 후)	(분할 후)
샤크일렉트릭(주) 전자회사 홍길동이 지분 20% 보유　　**샤크골프(주)** 골프회사 홍길동이 지분 20% 보유	**샤크일렉트릭(주)** 전자회사 샤크전자(주)가 지분 100% 보유

▶ 시간외 블록딜(기관 등 큰손 대량매매)

대량의 주식 물량을 시간외매매 시간에 정해진 가격으로 한 번에 매매하는 것이다. 정규 시간(9:00~15:30) 중 장내매도할 경우 시장 충격을 주기에, 이를 완화하기 위한 방법이다.

▶기업사냥꾼

기업이 인수합병 할 때 관련해서 활동하는 전문투자가다. 목적에 따라 우호적으로 인수합병 할 때도 있고, 적대적으로 인수합병 할 때도 있다. 그러나 대개 좋지 않은 상황에서 매수하는 적대적 매수자를 '기업사냥꾼'이라 칭한다.

관리종목 지정 후 상장폐지되다

관리종목 지정	4년 연속 영업손실로 관리종목으로 지정됨		
무상감자	유상증자, 회사채 발행을 추진했으나 실패 무상감자를 조건으로 투자자가 나타나 2대 1 무상감자		
	발행주식	10만 주(20만 주 → 10만 주)	
	시가총액	300만 원(30원 × 10만 주)	
	지분율	이샤크 1만 주(10%), 이샌드 1만 주(10%) 벤처캐피털 1만 주(10%), 소액주주 7만 주(70%)	
주식관련사채 발행	연 이자율 10%에 신주인수권부사채 500만 원을 발행 주식교부가액을 리픽싱(하향 조정) 할 수 있어 주식교부 물량이 증가될 것으로 예상		
분식회계	회사경영에 의지가 없고 회사물건을 빼돌림 상장 유지와 투자자 유치를 위해 흑자로 회계를 조작		
감사의견 거절 (상장폐지)	회계 조작 결과 회계법인은 상장폐지에 해당하는 감사의견 거절 입장 전달		
정리매매	상장폐지에 따라 7영업일간 정리매매 후 거래소에서 사라짐		

20. (설립 17년 차 관리종목 지정) 4년 연속 영업손실로 관리종목이 되다

샤크전자(주)는 연속 4년째 영업손실로 일부 자본잠식 상태에 빠진다. 코스닥시장 상장종목의 경우 4년 연속 영업손실이면 관리종목으로 지정된다. 더욱 위험한 건 거기에서 1년을 더 연속해서 영업손실이면 상장적격성 실질 심사를 통해 상장폐지 될 수 있다.

1,000만 원을 증자했음에도 대규모 적자로 운영자금이 부족해지자

샤크전자(주)는 제3차 유상증자를 추진한다. 그러나 대표 주관사 선정도 어려워지고 투자자의 싸늘한 반응에 실패한다. 회사 신용등급도 투기등급 이하로 낮아지고 골프장 등 담보가치가 있는 건 죄다 팔아서 껍데기뿐이라 회사채 발행도 어렵다.

21. (설립 17년 차 무상감자와 주식관련사채 발행) 샤크전자(주)는 무상감자 후 주식관련사채를 발행한다

유상증자나 회사채를 통한 자금조달이 어렵게 되자 주식관련사채를 명동 사채업자에게 발행한다. 명동 사채업자는 2대 1 무상감자를 전제 조건으로 참여하겠단다. 결국 이샌드 등 기존 주주 보유주식 수가 반으로 줄어든다. 감자 여파로 주가도 지속적으로 폭락한다.

(설립 17년 차 무상감자) 샤크전자(주) 시가총액 및 주주현황

구분	설립 16년 차 (3년 연속 영업손실)	설립 16년 차 (2차 유상증자 후)	설립 17년 차 (무상감자 후)
주가	100원	50원	30원
주식 수	10만 주	20만 주	10만 주 (20만 주 → 10만 주)
시가 총액	1,000만 원 (100원×10만 주)	1,000만 원 (50원×20만 주)	300만 원 (30원×10만 주)
주주 구성	이샤크 2만 주(20%) 이샌드 2만 주(20%) 벤처캐피털 2만 주(20%) 소액주주 4만 주(40%)	이샤크 2만 주(10%) 이샌드 2만 주(10%) 벤처캐피털 2만 주(10%) 소액주주 14만 주(70%)	이샤크 1만 주(10%) 이샌드 1만 주(10%) 벤처캐피털 1만 주(10%) 소액주주 7만 주(70%)

초보 투자자
기초 지식 쌓기

첫째 날

둘째 날

셋째 날

넷째 날

다섯째 날

부록
돈 버는 투자 습관

샤크전자(주)는 2대 1 무상감자 후 연 이자율 10%에 신주인수권부
사채 500만 원을 발행하기로 한다. 신주인수권부사채는 발행된 후 계
속된 주가 하락에 가격 조정(리픽싱)이 되고 신주로 교부될 수 있는
주식 수는 더 늘어나게 된다. 만약 신주인수권부사채가 주식으로 교
부되면 회사 경영권은 명동 사채업자에게 돌아간다. 작은아버지 이
샌드는 허울뿐인 최대주주 대표이사일 뿐이다.

22. (설립 17년 차 분식회계) 4년 연속 영업손실로 회계조작에 손을 대다

작은아버지 이샌드와 동업자인 기업사냥꾼은 더 이상 회사 경영에
의지가 없다. 돈 되는 것들은 다 빼돌린다. 이샌드는 회계장부에도 손
을 댄다. 주식관련사채 발행을 몇 차례 더해 최대한 자금을 빼돌릴 심
산이었다. 그러기 위해서는 회사의 실적이 좋게 포장되어야 했다. 대
규모 적자인데도 흑자처럼 회계 조작을 했다.

23. (설립 18년 차 상장폐지) 회계법인 감사의견 거절로 상장폐지 되다

회계장부 조작을 통해 주식관련사채 발행과 상장폐지를 피하고자 했
으나 회계법인은 분식회계에 따른 감사의견 거절 입장을 내놓게 된
다. 회계법인 감사의견 거절은 상장폐지 사유다. 감사의견 거절이 공
시되면서 샤크전자(주) 주식은 매매 정지되었다. 상장폐지를 막기 위
한 다양한 소액주주 행동들이 나왔으나 이미 엎질러진 물을 되돌릴
순 없었다. 더욱이 분식회계라면 답은 더 없었다. 그동안 회사가 주식
관련사채 발행 가능성과 수익성 회복을 언급했기에 이를 믿고 투자

한 단타 개미 투자자만 억울할 뿐이었다.

24. (설립 18년 차 정리매매) 샤크전자(주)가 거래소 역사로 사라지다

상장폐지 결정이 난 후 기존 주주들에게 주식시장에서 마지막으로 매매할 수 있도록 거래소는 7영업일간 정리매매 기간을 준다. 초보 투자자가 정리매매 기간 투자를 하겠다면 말리고 싶다. 정리매매 기간의 매매는 투자라기보단 '묻지마 투기'다. 물론 30분 단위 단일가 매매로 상·하한가가 없기에 이유 없는 폭등장세가 가끔 연출된다. 정리매매 기간은 단 7영업일로 정해져 있다. 이 기간에 못 팔면 거래소에서는 매매 기회가 거의 없다. 폭탄 돌리기 게임이랑 유사한데, 마지막 보유자는 폭탄을 맞는다는 사실을 기억해야 한다.

초보 투자자
기초 지식 쌓기

첫째 날

둘째 날

셋째 날

넷째 날

다섯째 날

부록
돈 버는 투자 습관

▶ 자본잠식

자기자본은 회사의 순수한 자산(내 돈)으로 납입자본금과 잉여금 등으로 구성된다. 회사의 적자 폭이 커져 잉여금이 바닥나고 납입자본금 일부까지 마이너스 되면 부분 자본잠식이 된다.

▶ 관리종목과 상장폐지

관리종목은 거래소 관심사병이다. 관리종목은 실적악화 등으로 상장폐지 우려가 높은 경우다. 더 악화하면 상장폐지가 된다. 상장폐지의 경우 회사 자의적인 상장폐지도 가능하나, 대부분은 사업보고서 미제출, 감사의견 거절, 영업정지, 부도발생, 자본잠식 등 부실로 인해 발생한다.

▶ 주식관련사채

주식관련사채는 주식으로 교부될 수 있는 회사채다. 회사채이므로 이자와 만기 투자 원금 반환의무가 있다. 다만, 투자자가 원하면 중도에 주식으로 교부될 수 있다. 전환사채(CB), 신주인수권부사채(BW), 교환사채(EB)가 있다. 주식관련사채는 이자를 지급하기에 유상증자보다 발행 조건이 나쁘다. 전환사채, 신주인수권부사채 등은 일반적으로 재무구조가 부실해진 회사들의 자금조달 방법이다.

▶ 분식회계

회사 실적을 좋게 보이기 위해 회계장부를 조작하는 것이다. 허위매출, 비용 축소, 비용 누락 등으로 적자인 장부를 흑자로 둔갑시킨다.

▶ 회계법인 감사의견(적정, 한정, 부적정, 의견거절)

공인회계사가 재무제표를 감사한 후 적정, 한정, 부적정, 의견거절 등을 표명한다. 감사의견 거절, 부적정, 범위제한 한정이면 상장폐지 된다(다만, 유가증권시장만 범위제한 한정은 2년 연속인 경우).

샤크전자(주)의 성장과 몰락 그 일대기 요약표

샤크전자(주) 탄생	특허권자 이샤크는 작은아버지 이샌드의 투자를 받아 액면가 1만 원, 발행주식 총수 2,000주로 샤크전자(주)를 설립 | 발행주식	2,000주 | | 시가총액 | 2,000만 원(1만 원×2,000주) | | 지분율 | 이샤크 1,000주(50%), 이샌드 1,000주(50%) |
현금배당	샤크전자(주)는 라디오를 생산 수익이 발생해 총 20만 원의 배당금을 지급
제1차 유상증자	제2공장을 설립하기 위해 벤처캐피털로부터 2,000만 원 투자받음 (2만 원×1,000주) | 발행주식 | 3,000주(2,000주+유상증자 1,000주) | | 시가총액 | 6,000만 원(2만 원×3,000주) | | 지분율 | 이샤크 1,000주(33.3%), 이샌드 1,000주(33.3%), 벤처캐피털 1,000주(33.3%) |
무상증자	수익 증가로 100% 무상증자 결정, 총발행주식 수가 3,000주에서 6,000주로 증가 | 발행주식 | 6,000주(3,000주+무상증자 3,000주) | | 시가총액 | 1억 2,000만 원(2만 원×6,000주) | | 지분율 | 이샤크 2,000주(33.3%), 이샌드 2,000주(33.3%), 벤처캐피털 2,000주(33.3%) |
회사채 발행	TV 사업 진출을 위해 유상증자를 검토했으나 경영권 방어를 위해 회사채 발행 10년 3% 이자율로 4,000만 원어치 발행

초보 투자자
기초 지식 쌓기

첫째 날

둘째 날

셋째 날

넷째 날

다섯째 날

부록
돈 버는 투자 습관

거래소 상장 (IPO)	거래소 상장을 위한 대표 주관회사(증권사) 선정 IPO 공모 1억 2,000만 원(4,000주 × 공모가 3만 원)		
	발행주식	1만 주(6,000주 + 공모주 4,000주)	
	시가총액	3억 원(3만 원 × 1만 주)	
	지분율	이샤크 2,000주(20%), 이샌드 2,000주(20%) 벤처캐피털 2,000주(20%), 소액주주 4,000주(40%)	
거래소 첫 매매	최초 매매일 시작 가격은 공모가 2배인 6만 원 첫날 종가는 6만 원의 상한가(30%)인 78,000원		
	발행주식	1만 주	
	시가총액	7억 8,000만 원(78,000원 × 1만 주)	
	지분율	이샤크 2,000주(20%), 이샌드 2,000주(20%) 벤처캐피털 2,000주(20%), 소액주주 4,000주(40%)	
투자경고종목 지정	유통주식 수 부족으로 주가급등 소수지점(계좌) 매수관여 과다종목 지정 투자경고종목, 투자위험종목으로 지정		
액면분할	유통주식 수 확대를 위한 10대 1 액면분할 결정		
	발행주식	10만 주(1만 주 → 10만 주)	
	시가총액	7억 8,000만 원(7,800원 × 10만 주)	
	지분율	이샤크 2만 주(20%), 이샌드 2만 주(20%) 벤처캐피털 2만 주(20%), 소액주주 4만 주(40%)	
최대주주 변경	작은아버지 이샌드는 벤처캐피털과 손잡고 이샤크를 쫓아내고 회사 경영권을 장악		

제2차 유상증자	비전문가 이샌드는 골프 사업부를 신설하고 R&D 투자를 등한시한 결과 3년 연속 대규모 적자를 기록 현금 부족으로 1,000만 원 유상증자를 결정(100원×10만 주)

	발행주식	20만 주(10만 주+유상증자 10만 주)
	시가총액	1,000만 원(50원×20만 주)
	지분율	이샤크 2만 주(10%), 이샌드 2만 주(10%) 벤처캐피털 2만 주(10%), 소액주주 14만 주(70%)

물적분할 실패	망해가는 전자제품 사업과 골프 사업을 분리하고 싶어져 물적분할을 추진했으나 실패 벤처캐피털은 지분을 기업사냥꾼에게 시간외매도
관리종목 지정	4년 연속 영업손실로 관리종목으로 지정됨
무상감자	유상증자, 회사채 발행을 추진했으나 실패 무상감자를 조건으로 투자자가 나타나 2대 1 무상감자

	발행주식	10만 주(20만 주→10만 주)
	시가총액	300만 원(30원×10만 주)
	지분율	이샤크 1만 주(10%), 이샌드 1만 주(10%) 벤처캐피털 1만 주(10%), 소액주주 7만 주(70%)

주식관련사채 발행	연 이자율 10%에 신주인수권부사채 500만 원을 발행 주식교부가액을 리픽싱(하향 조정) 할 수 있어 주식교부 물량이 증가될 것으로 예상
분식회계	회사경영에 의지가 없고 회사 물건을 빼돌림 상장유지와 투자자 유치를 위해 흑자로 회계를 조작
감사의견 거절 (상장폐지)	회계조작 결과 회계법인은 상장폐지에 해당하는 감사의견 거절
정리매매	상장폐지에 따라 7영업일간 정리매매 후 거래소에서 사라짐

첫째 날

둘째 날

셋째 날

넷째 날

다섯째 날

부록
둘 빼는 부자 습관

수수료(보수)와 증권거래세를 무시하지 말자

주식은 매도할 때만 세금을 낸다

대주주가 아니라면 상장회사 주식은 부동산과 달리 양도소득세가 없다. 대신 주식을 매도할 때마다 손실 여부와 상관없이 정률 세금을 낸다. 매수 시에는 세금이 없다. 코스피·코스닥 세금은 동일하게 0.23%(2023년부터 0.15%)다. 코스피는 증권거래세 0.08%, 농어촌특별세 0.15%를 합해 0.23%인 반면 코스닥은 0.23%가 모두 증권거래세다. 코스닥 종목 1,000만 원어치를 매도할 경우 증권거래세는 2만 3,000원이다. 1,000만 원어치를 단기 투자로 하루 10번 매도하면 증권거래세만 23만 원이다. 결코 무시 못할 세금이다.

대주주는 매매차익의 양도소득세를 낸다

대주주는 주식을 가장 많이 보유한 최대주주와 달리 양도소득세 납부대상자 지정을 위한 개념이다. 증권거래세만 내는 소액주주와 달리 대주주는 주식 매매차익에 대한 양도소득세를 추가로 낸다.

1년 미만 보유 시는 양도 차익의 33%, 1년 이상 보유 시는 3억 원 이하분은 22%, 3억 원 초과분은 27.5%를 낸다. 매도금액 전체를 기준으로 양도 차익(수익금)에 대해서 세금을 내며 만약 양도 차익이 없다면(손실이라면) 양도소득세가 없다.

대주주는 특정 상장종목을 시가총액 기준 10억 원 이상 또는 지분율(보유주식 수/발행주식 총수)은 코스피 1%, 코스닥 2%, 코넥스 4%, 비상장주식 4%를 보유한 '개인'이다. 본인과 배우자, 직계존비속 등 특수관계인(조부모, 외조부모, 부모, 배우자, 자녀, 손자 등)을 포함해 2020년 말 기준 10억 원 이상이다. 특정 상장종목 계산은 보통주, 우선주, 신주인수권, 주식예탁증서, 사모펀드 보유주식 등을 합산한다. ETF는 대주주 적용 상장주식 대상에서 제외하지만 사모펀드를 통해 간접적으로 보유한 주식은 포함한다. 가령 홍길동이 삼성전자 보통주 6억 원, 삼성전자 우선주 5억 원을 연말까지 보유한다면 이듬해 매도시점에 매매차익에 대한 양도소득세 부과 대상이 된다.

금액 기준 10억 원의 대주주 선정 시점은 직전 사업연도 종료일인 연말 기준이며, 지분율은 금액 기준과 달리 연중 한 번이라도 넘으면 바로 적용

초보 투자자
기초 지식 쌓기

첫째 날

둘째 날

셋째 날

넷째 날

다섯째 날

부록
돈 버는 투자 습관

대주주 양도소득세 10억 원 회피를 위한 시점 예시

12월 28일(월)	12월 29일(화)	12월 30일(수)	12월 31일(목)
매도 주문 체결 (T일)		폐장일 (거래소 마지막 거래일) 마지막 결제일(T+2일)	휴장일 (거래소 쉬는 날)

거래소 마지막 거래일인 12월 30일(수)에 결제가 되기 위해서는 2영업일 전인 12월 28일(월)까지 매도를 해야 대주주 요건에 적용받지 않는다. 시가총액 10억 원 이상 여부 금액 계산은 거래소 마지막 거래일(12월 30일) 종가를 기준으로 계산(보유 주식 수×12월 30일 종가)한다.

한다. 일단 지분율이 기준을 넘어서면 지분율이 낮아진다 해도 양도소득세를 내야 한다. 금액 기준인 10억 원 이상 대주주 요건을 회피하기 위해서는 연말 마지막 결제일 2영업일 전 매도해야 한다.

대주주 확정을 연말에 함에 따라 연말 약세장이 우려된다. 대주주 회피용 개인 차익 매도 물량 증가 또는 매수세 약화인 것이다. 12월 말 약세장을 저평가 우량종목 매수 기회로 삼는 역발상 투자전략을 펼치자. 12월 말 매수한 다음 1월 이후 주가상승 시점에 매도하는 것이다.

주식 매매 수수료는 금액별, 증권사별, 주문 수단별로 다르다

세금과 함께 매매 수수료를 추가로 낸다. 매매 수수료는 증권거래세와 달리 매수·매도 각각에 대해 낸다. 다만, 최근에는 증권사별로 신규고객에 대한 무료 수수료(증권유관기관 수수료 제외) 이벤트를 많이 하고 있으니 이를 적극 활용하면 좋겠다. 수수료도 아껴야 할 귀중한 내 재산이다.

금융투자협회 공시사이트

증권사별 주식거래 수수료, 펀드 보수와 수수료, 펀드(연금) 수익률, 펀드 다모아, ISA 다모아 등 유익한 정보가 많다.

수수료는 금액별로 차등을 두는데, 금액이 커지면 수수료율은 낮아진다. 따라서 1주에 1만 원인 주식 5,000주를 한 번에 매도하는 것과 1주씩 5,000번 매도하는 경우 5,000번 매도가 훨씬 수수료가 많아진다. 매매 횟수가 많아지면 수수료도 부담이 된다.

수수료를 아끼는 짠돌이가 되자. 증권사별로 수수료가 다르다. 증권사별 수수료 비교는 금융투자협회 공시사이트(dis.kofia.or.kr)를 통해 확인할 수 있다. 주문 수단별로는 객장 방문(전화), ARS 전화, HTS(컴퓨터), MTS(스마트폰) 순으로 수수료가 비싸다.

펀드 쉽게
이해하기

단계별로 알아보는 펀드 가입 절차

펀드는 개별 주식에 투자하는 것보다 안정성이 높은 투자 방식이다. 먼저

펀드 가입 절차에 대해 알아보기로 하자.

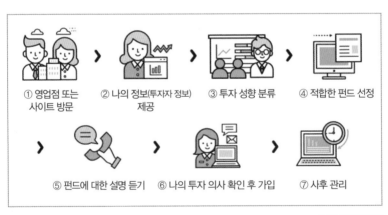

출처: 금융감독원

① 영업점 또는 온라인 사이트 방문

증권회사, 은행 등 펀드 판매 영업점을 방문하거나 판매회사 온라인 사이트에 접속하여 가입한다.

② 나의 정보(투자자 정보) 제공

투자 목적, 재산 상황, 투자 경험 등에 대한 정보를 판매회사에 제공한다. 투자 권유에 필요한 정보를 제공하지 않거나, 투자 권유를 희망하지 않는 경우 '투자권유불원 확인'(또는 투자자 정보 미제공) 내용이 포함된 확인서를 제출한다. 다만, 파생상품 펀드의 경우 높은 위험도 등으로 인해 투자자 정보를 반드시 제공하는 것이 의무다.

③ 투자 성향 분류

판매회사는 투자자가 제공한 정보를 토대로 점수화를 통해 투자자 투자 성향 등급을 산정한다. 위험 성향이 높은 순서대로 공격투자형, 적극투자형, 위험중립형, 안정추구형, 안정형 등으로 구분한다. 본인 투자 성향 등급에 따라 투자 가능한 펀드 상품 범위가 결정된다.

④ 적합한 펀드 선정

본인의 투자 등급에 맞는 펀드를 선정한다. 다만, 본인 투자 성향 등급보다 높은 등급 펀드에 투자할 경우 '부적합 확인서'(투자 성향 대비 높은 위험도에 투자함을 알고 투자한다는 확인)에 서명한 이후 투자 가능하다.

⑤ 펀드에 대한 설명 듣기

판매자에게 투자대상 자산운용 전략, 원금손실 위험, 투자 위험, 보수와

초보 투자자 기초 지식 쌓기
기초 지식 쌓기
첫째 날
둘째 날
셋째 날
넷째 날
다섯째 날
부록
돈 버는 투자 습관

수수료, 펀드 운용 비용, 환매 방법 등에 대해 설명을 듣는다. 궁금하거나 모르는 점이 있으면 바로 질문한다.

⑥ 나의 투자 의사 확인 후 가입
적립식(매월 일정일에 일정 금액을 예치) 또는 거치식(한 번에 투자 금액 전체를 예치)으로 투자할 것인지 투자 의사를 확정하고 가입한다.

⑦ 사후 관리
주기적으로 펀드 운용 보고서를 확인하여 수익률을 점검한다. 투자 방법, 수익률, 펀드 운용 방식 등에 의문점이 생기면 펀드 판매자 혹은 판매회사에 연락해 확인한다.

내게 맞는 펀드 유형이 따로 있다

펀드 위험도에 따라 공격투자형, 적극투자형, 위험중립형, 안정추구형, 안정형 등으로 구분한다. 위험 선호도가 높을수록 공격투자형, 낮을수록 안정형에 가깝다. 공격적 투자자는 높은 리스크를 감수하고 고수익을 노리기에 주식형 및 파생상품형 펀드를 선호한다. 주식형 펀드 내에서도 성장주 펀드, 펀드매니저가 적극 매매하는 액티브 펀드를 좋아한다. 반면, 보수적 투자자는 위험 회피 성향이 높기에 채권형 또는 원금보장형 펀드를 선호한다. 주식형이더라도 안정성을 추구하는 가치주 펀드, KOSPI 200 등 주가지수를 추종하는 인덱스펀드를 좋아한다.

투자 성향에 따른 펀드 유형

투자 성향	펀드 유형
공격적	주식형 펀드, 파생상품형 펀드, 성장주 펀드, 액티브 펀드
보수적	채권형 펀드, 원금보장형 펀드, 가치주 펀드, 인덱스 펀드

펀드 유형별 특징

펀드 유형	펀드 특징
증권 펀드	주식, 채권 등 증권에 주로 투자 ·주식형: 주식 및 주식관련 파생상품에 60% 이상 투자 ·채권형: 주식에 전혀 투자하지 않고 채권 등에 주로 투자 ·혼합형: 주식이나 채권 중 어느 한 쪽에 60% 이상 투자할 수 없는 펀드
부동산 펀드	부동산 관련 자산에 주로 투자
특별자산 펀드	금, 석유, 곡물 등의 실물, 수익권 등에 주로 투자
혼합자산 펀드	증권, 부동산, 특별자산 등에 자유롭게 비중을 조절하여 투자
MMF	단기금융상품에 투자(Money Market Fund)

장기간 투자하는 펀드라면 수수료(보수)도 중요하다

펀드 가입자 대부분이 수익률에만 관심이 있지, 수수료(보수)에는 무관심하다. 미국, 영국 등 간접 투자 문화가 발달한 금융 선진국에서는 수수료(보수)에 대한 관심도가 높다. 동일한 펀드라도 수수료(보수)는 온(오프)라인 판매 여부 등에 따라 차이가 난다.

　펀드 수수료(보수)는 판매사(은행, 증권사 등)가 판매 행위에 대해 일회성으로 받는 판매 수수료, 매년 받는 판매 보수, 자산운용사가 운용 기간 받는 운용 보수 등으로 나눠진다. 펀드 가입 시에는 판매 수수료, 판매 보수, 운용 보수 그리고 중도 환매 수수료 등을 꼼꼼히 살펴보자. 1% 수수료(보수) 차이를 무시하면 안 된다. 10년이면 무려 10%의 수익률 차이가 난다.

판매사별 펀드 판매 수수료(보수) 정보도 금융투자협회 홈페이지(dis. kofia.or.kr)에서 비교·확인할 수 있다. 상품별 펀드 수수료(보수)는 주식형, 주식혼합형, 채권형 펀드 순으로 비싸다. 주식이 채권보다 변동성이 큰 만큼 신경 쓸 일도 많기에 수수료(보수)가 비쌀 수밖에 없다.

펀드 명을 보면 수수료가 보인다

펀드 명을 보면 상품명 뒤에 A, C, e, S 등의 알파벳이 붙는다. 은행, 증권사 창구에서 많이 파는 상품은 A와 C클래스다. A클래스는 판매 수수료를 먼저 떼고 낮은 판매 보수를 받는다. 반면, C클래스는 판매 수수료가 없는 대신 높은 판매 보수를 받는다. 장기 투자자라면 낮은 판매 보수를 받는 A클래스가, 단기 투자자는 판매 수수료가 없는 C클래스가 유리하다.

온라인 전용 상품도 증권사 홈페이지나 스마트폰(증권사 자산관리 앱)에서 가입할 수 있다. 온라인 상품만을 전문적으로 취급하는 한국포스증권(구 펀드슈퍼마켓)도 있다. 온라인 클래스는 클래스 명에 알파벳 e(Ae, Ce 등)나 S를 포함한다. 창구에서 파는 펀드보다 온라인 펀드 수수료가 상대적으로 저렴하다. 판매 직원을 거치지 않기에 중간 수수료가 빠진다.

초보 투자자
기초 지식 쌓기

첫째 날

둘째 날

셋째 날

넷째 날

다섯째 날

부록
돈 버는 투자 습관

▶ 펀드 명의 이해

예시) ① ○○에셋 ② 한국헬스케어 ③ 증권 ④ 자 ⑤ 투자신탁 ⑥ 1
⑦ 주식 ⑧ A

① 펀드 운용사명
② 투자 대상: 국내 헬스케어 주식에 투자
③ 투자 분야: 주식, 채권 등 증권에 투자
④ 모자펀드 유무: 자子 자가 들어가면 모母 펀드가 따로 있다는 의미, 아
들子 펀드의 재산을 모母 펀드가 통합하여 운용
⑤ 펀드 법적 성격
⑥ 펀드 순번: 펀드 규모가 커져 같은 성격 펀드를 더 만들면 1호, 2호 등
으로 표시
⑦ 운용자산 성격: 운용자산을 주로 주식에 투자
⑧ 펀드 클래스를 의미: A(수수료 선취), B(수수료 후취), C(수수료 미징수),
e(온라인), S(온라인 슈퍼) 등

첫째 날

종목 고르는
비법을 공부하자

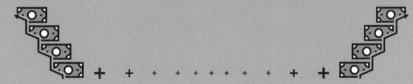

주식판
복면가왕이다

초보 투자자
기초 지식 쌓기

첫째 날

둘째 날

셋째 날

넷째 날

다섯째 날

부록
돈 버는 투자 습관

저평가 우량회사를 선정하는 최소한의 기준이다

이 분석법 목적은 저평가 우량회사를 찾는 데 있다. 진득이 기다리면 안목 높은 투자자(주로 기관투자자, 외국인)들이 매수해줄 모래 속 진주 같은 저평가 종목을 찾는 것이다. 수많은 재무 분석법들을 활용해야 하는 데 필수요소만 압축했다.

저평가 우량회사를 찾는 방법으로 미래 PER과 시가배당률을 주된 툴(도구)로 사용한다. 뉴스 기사, 공시를 통해 찾은 자료를 바탕으로 계산한 미래 PER과 시가배당률이 높다면 분석 대상이다. 추가적인 재무와 재무 외 리스크도 없다면 매력적인 투자 대상으로 거듭난다.

오디션 프로그램처럼 선택보다 탈락에 방점을 둔다

이 분석 방법은 MBC의 〈복면가왕〉과 같다. 계속 후보자 수를 줄여나가는 오디션 프로그램처럼 기준 이하는 과감하게 탈락시킨다. 한번 탈락하면 끝이다. 탈락 종목을 다시 살려주는 기회도 없다. 조금의 배려도 있을 수 없는 참으로 차갑고 매우 냉정한 오디션이다.

탈락에 방점을 두는 이유는 만에 하나라도 발생할 리스크를 없애기 위함이다. 이 책은 추가매수를 권하고 있다. 한 번에 매수하고 싶은 총량을 채우지 않고 30~50%만 채운다. 수익구간이면 그대로 수익을 즐기고 손해구간에만 추가매수를 한다. 자신감 있게 손절매 대신 추가매수를 하려면 그 시작이 알짜 저평가 우량회사여야 한다. 그래서 매우 차갑고 정말 냉정한 오디션을 하는 것이다.

기술적 분석은 NO! 기본적 분석에 근간을 두고 있다

기술적 분석은 이 책의 지향점이 아니다. 회사가치와 무관하게 그래프 중심으로 단기간 승부를 보는 투자는 이 책의 목표가 아니다. 기술적 분석은 가급적 제외한다. 거래량, 이동평균선, 캔들의 기본 개념만 이해하자.

기본적 분석 핵심은 회사가치 공부다. 재무적 기준 적정 가치를 판단하고 저평가라면 기술적 분석에서는 절대 매수할 수 없는 급등 그래프에도 과감히 뛰어든다. 단기적으로는 이동평균선 간 간격이 벌

초보 투자자
기초 지식 쌓기

첫째 날

둘째 날

셋째 날

넷째 날

다섯째 날

부록
돈 버는 부자 습관

어져 조정할 수 있어도 중·장기적으로는 저평가된 회사가치 덕분에 상승한다.

3년간 히스토리 분석으로 리스크를 줄이는 방법이다

당기순이익, 부채비율, 당좌비율, 유보율, 배당, 공시(뉴스), 매출채권, 재고자산 등은 3년간 리뷰를 원칙으로 한다. 좀 더 세밀하자면 5년간 추이를 본다. 1~2년은 너무 짧고 5년 이상은 에너지가 많이 든다. 그래서 3~5년 추이 분석이 적당하다.

분석은 한 시간이면 충분하다. 분석이 길어지는 것도 부담이다. 매일 실천하는 게 목표인데, 일거리가 많으면 중도 포기한다. 그러기 위해서는 가성비가 높아야 한다. 가급적 네이버, 다음 등 포털사이트를 최대한 활용하고 금감원 공시사이트 다트(dart.fss.or.kr), 거래소 공시사이트 KIND(kind.krx.co.kr)는 꼭 필요한 경우에만 찾자. 다트는 촘촘한 확인에는 좋으나 양이 많다. 네이버, 다음은 금감원 공시사이트를 바로 연결하고 있다.

종목선정
10단계 프로세스

첫째 날. 종목 고르는 비법을 공부하자

[1단계] **3년간 당기순이익을 보자**	3년간 당기순이익을 확인해 적자기업은 제외한다. 향후 실적과 당기순이익 예상치를 찾으면 미래 PER을 구할 수 있다.
[2단계] **시가총액을 보자**	주가만으로는 완벽한 투자 판단을 할 수 없다. 시가총액을 통해 주가와 주식 수를 같이 보자. • 시가총액 = 주식 수 × 주가
[3단계] **미래 PER을 보자**	[1단계] 향후 당기순이익과 [2단계] 시가총액을 이용해 미래 PER을 구한다. 미래 PER 10배 이하로 실적 예상 대비 저평가 기업을 찾아야 한다. • PER = 시가총액 / 당기순이익

[4단계] 3년간 부채비율, 당좌비율, 유보율을 보자	유상증자, 주식관련사채 발행 리스크를 피하고자 3년간 부채비율, 당좌비율을 확인하고 유보율로 안정성과 무상증자 가능성을 판단한다. • 부채비율 = 부채총액 / 자기자본 • 당좌비율 = 당좌자산 / 유동부채 • 유보율 = 잉여금 / 자본금
[5단계] 뉴스와 공시를 보자	재무자료에서 찾지 못한 악재 확인을 위해 뉴스, 공시를 체크한다. 투자 판단 기준인 향후 이익 추정치와 고배당 여부도 점검한다.
[6단계] 3년간 시가배당률을 보자	3년간 배당금과 향후 실적을 감안해 시가배당률을 계산한다. 수신금리(2%) 이상 고율의 시가배당 기업을 찾아야 한다. 시가배당률은 미래 PER과 함께 저평가 투자 중요 기준이다. • 시가배당률 = 배당금 / 주가
[7단계] 지분율을 보자	최대주주, 5% 이상 지분 보유자의 3년간 지분변동추이를 확인해 고배당 가능성, 경영 안정성 등을 점검한다.
[8단계] 3년간 매출채권회전율과 재고자산회전율을 보자	허위매출, 매출채권 회수지연, 재고누적 리스크를 확인하기 위해 3년간 매출채권회전율과 재고자산회전율을 확인한다. • 매출채권회전율 = 매출액 / 매출채권 • 재고자산회전율 = 매출액 / 재고자산
[9단계] PBR을 보자	굴뚝기업 투자 판단에 PBR이 중요하다. 미래 PER이 저평가라면 PBR 고평가 여부는 투자에 큰 장애는 아니다. • PBR = 시가총액 / 자기자본
[10단계] 내 생각을 해보자	매수 사유, 매도 디데이 등을 스토리텔링한다. 다양한 경우의 수를 확인해 투자 확신이 들면 급등 그래프일지라도 매수하자.

첫째 날 종목 고르는 비법을 공부하자

초보 투자자의 기초 지식 쌓기

둘째 날

셋째 날

넷째 날

다섯째 날

부록 돈 버는 부자 습관

3년간
당기순이익을 보자

1단계

1. 적자기업 리스크를 피하고자 3년 이상 당기순이익 추이를 확인한다.
2. 우량해 보이는 기업이라도 당기순손실이면 제외하기에 분석절차 중 가장 많이 탈락한다.
3. 저평가 우량기업을 찾기 위해 미래 당기순이익 예상치를 조사해야 한다.

당기순이익은 1년간 회사 순수익이다

당기순이익은 모든 이익에서 모든 비용과 손실을 뺀 차액이다. 즉, 판매액에서 모든 비용, 세금을 다 제외하고 남는 수익이다.

초보 투자자
기초 지식 쌓기

첫째 날

둘째 날

셋째 날

넷째 날

다섯째 날

부록
돈 버는 부자 습관

▶ 영업이익과 당기순이익

- 영업이익 : 매출액 − 매출원가 − 판매비·일반관리비
- 당기순이익 : (영업이익+영업외이익+특별이익) − (영업외비용+특별 손실
　　　　　　+법인세)

영업외이익이나 비용은 영업과 관련 없는 이자, 배당금, 임대료, 주식투자 손익, 환차손 등이다. 특별이익이나 손실은 일회성인 홍수로 인한 손실, 부동산 매각수익 등이다.

분석절차 중 가장 많이 탈락하는 구간이다

일단 계속기업이라면 영업이익과 당기순이익이 발생해야 한다. 영업손실, 당기순손실 회사는 1단계에서 탈락이다. 계속된 손실이면 부족한 현금 때문에 투자자에게 손을 벌린다. 유상증자, 주식관련사채 발행, 회사채를 통해 해결해보지만, 이마저 힘들면 돈이 될 만한 건 죄다 판다. 그래도 안 되면 무상감자로 주식 수를 줄이기도 하고 최악의 경우 망해서 청산(파산절차 진행)된다. 망해가는 회사에 추가 투자를 할 수는 없다.

3년간 영업이익과 당기순이익 추이를 연 단위로 파악해보자. 매출과 당기순이익에 특이사항이 없으면 3년간 추이를, 보다 상세한 점검이 필요하다면 5년간 추이를 보자. 1년간은 분기 단위로도 파악하자. 네이버, 다음 등 포털사이트에서 모두 확인 가능하다. 정말 상세한 확

인이 아니라면 포털사이트를 벗어나지 않아도 된다.

추이를 분석하다 보면 순이익과 순손실이 들쑥날쑥한 회사들이 있다. 이런 회사들은 가급적 탈락시킨다. 적자여도 최근 실적개선이 돋보이는 회사들도 있다. 초보자일수록 가급적 탈락시키는 게 원칙적으로 바람직하다. 예외적으로 비료회사처럼 계절적 요인 때문에 분기 순손실이 발생하는 경우도 있다. 매년 동일한 분기 순손실 패턴이면 이를 감안하자. 영업이익은 적자인데 영업외이익이 흑자인 경우도 있다. 영업외이익은 매년 땅을 팔 수도 없을 것이기에 일회성일 가능성이 높다. 그런 경우는 가급적 탈락이다. 그런데 영업이익은 흑자인데 영업외손실로 당기순손실인 경우도 있다. 이 경우는 당기순손실 원인을 파악해야 한다. 일회성 영업외손실이면 그나마 봐줄 만하다. 초보 투자자라면 영업외손실 회사도 가급적 탈락시키자.

당기순이익, 영업이익과 함께 매출액 추이도 보자

영업이익과 당기순이익은 증가했는데, 매출액이 줄어드는 경우도 있다. 매출액이 줄어도 당기순이익이 증가하는 경우는 판매 가격을 올렸거나 이익마진이 높은 제품으로 주력 상품을 바꿨을 수도 있다. 종업원 수나 임금을 줄였을 수도 있다. 종업원 수나 임금을 줄였다면 가급적 탈락이다. 종업원 수나 임금은 금감원 다트 사업보고서에 상세히 나와 있다.

네이버금융 금감원 공시사이트 사업보고서 검색 화면

네이버금융은 편리하게 전자공시 화면을 연결해놓았다. 사업보고서는 정기 공시사항이므로 다트에서 정기공시-사업보고서를 선택하면 된다.

금감원 공시사이트 사업보고서 중 직원 현황 화면

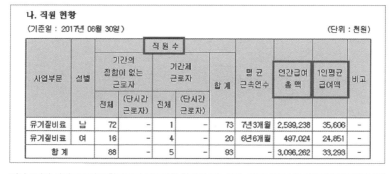

지난 3년간 사업보고서를 찾아보면 변동사항 확인이 가능하다. 사업보고서 중 직원 현황을 찾아보면 직원 수와 직원들의 평균 급여가 나온다.

출처: 효성오앤비 사업보고서

저평가 종목을 찾는 출발점, 미래 당기순이익을 찾자

저평가 종목을 찾는 출발점은 미래 당기순이익을 발견하는 데 있다. 미래 당기순이익을 알면 시가총액과 비교해서 미래 PER을 구할 수 있다. 미래 PER을 통해 저평가 여부를 판단하고 저평가라면 안심하고 투자할 수 있다. 당기순이익 증가가 예상된다면 고배당도 기대된다. 당기순이익 증가로 유보금이 늘면 이를 재원으로 무상증자도 할 수 있다.

미래 당기순이익을 찾는 방법은 뉴스에 있다. 펀드매니저가 직접 투자해 수익을 내는 역할이라면 애널리스트는 투자 대상 회사 분석을 담당한다. 애널리스트 분석보고서는 증권사 홈페이지에도 게재되고 보도자료 등으로 언론사에 공유된다.

증권 관련 뉴스를 보면 증권사 분석보고서와 목표가 등을 상세하게 알 수 있다. 기자들이 작성한 분석 기사 중 증권 전문가 인터뷰 등

네이버금융 2018년 실적 예측(E) 화면

주요재무정보	최근 연간 실적				최근 분기 실적					
	2015.12	2016.12	2017.12	2018.12(E)	2017.03	2017.06	2017.09	2017.12	2018.03	2018.06(E)
	IFRS 연결	IFRS 연결	IFRS 연결	IFRS 연결	IFRS 연결	IFRS 연결	IFRS 연결	IFRS 연결	IFRS 연결	IFRS 연결
매출액(억원)	6,285	5,986	6,079	6,828	1,452	1,496	1,511	1,620	1,596	1,790
영업이익(억원)	366	136	447	846	44	77	117	210	229	290
당기순이익(억원)	116	-8	365	790	98	22	55	190	160	

증권사 리서치 자료, 뉴스 기사 등을 근거로 2018년 6월 및 12월 기준 매출액과 영업이익 추정치를 E 표시로 해서 보여주고 있다.

출처: 무림P&P 재무자료

에 실적과 관련된 산업 전망, 매출과 이익 예상치 등이 나온다. 허투루 버릴 수 없는 가장 중요한 정보원이다. 대다수가 흘려버릴 증권사 리포트, 뉴스 기사 하나에 우리 노후가 180도 바뀔 수 있다.

네이버, 다음 등 포털사이트는 증권사 보고서 등에 기반해 예측치를 재무제표 자료에 E표시$_{Expectation}$로 미리 반영 해놓기도 하니 참고하자.

언제나 시작은 사소할 수 있다. 시작은 미미하나 끝은 창대하다는 말처럼 종목 투자 시작은 증권사 분석보고서, 뉴스 기사나 공시라는 사소함에서 시작한다. 오늘부터라도 증권사 분석보고서, 뉴스 기사 속 숨겨진 매출, 이익 예상치들을 꼭 찾아보자.

초보 투자자
기초 지식 쌓기

첫째 날

둘째 날

셋째 날

넷째 날

다섯째 날

부록
돈 버는 투자 습관

시가총액을
보자

1. 시가총액을 확인한다(시가총액 = 주식 수 × 주가).
2. 시가총액 계산 시 반드시 주식으로 교부될 수 있는 주식관련사채를 포함한다. 이는 가격 조정(리픽싱)을 감안해 수량을 산정한다.

주식투자 초보일수록 주가만 본다

초보 투자자는 주가만 본다. 1주당 500원과 5,000원인 주식 중 500원 주식이 싸다고 생각한다. 주가만으로 투자를 판단하는 습관은 잘못된 것이다. 주가만 보는 것은 코끼리 다리만 만지고 코끼리 전부를 이해하려는 것과 같다.

중요한 것은 시가총액이다

시가총액은 주가와 주식 수의 곱셈이다. 가령 1주당 500원인 주식은 100주이고, 1주당 5,000원인 주식은 10주라면 두 회사 시가총액은 동일하게 5만 원이다.

네이버금융 시가총액 화면

효성오앤비 시가총액은 1,146억 원이다. 시가총액은 주가와 주식 수의 곱이므로 실제 계산을 해보면 8,490,000주(상장주식 수)×13,500원(주가)=1,146억 원(시가총액)으로 정확하게 일치한다.

증자를 하면 주식 수가 늘어난다. 동일한 시가총액(주식 수×주가) 유지를 위해서는 주가가 하락해야 한다. 감자를 하면 주식 수가 줄어들므로 주가는 올라야 정상이다. 다만, 유상감자와 달리 무상감자는 실적악화 적자기업이 많아 감자 발표 이후 주가가 폭락하는 경우가 대부분이다.

그래프를 투자 기준으로 삼는 기술적 분석은 시가총액을 고려하지 않는다. 시가총액을 빼고 과거 가격 변동 추이와 현재를 비교만 한다. 주가에만 집중하다 보니 완벽할 수 없다.

주식관련사채는 시가총액을 증가시킬 위험 요소다

주식관련사채는 신주인수권부사채, 전환사채, 교환사채 등으로 발행 당시에는 채권이지만 향후 주식으로 바뀔 수 있다. 시가총액을 계산할 경우 주식관련사채 주식교부 예상 물량도 감안해야 한다. 주식관련사채는 발행 당시 최초 정한 주식교부 신청 가격이 하향 조정될 수 있는 리픽싱refixing 조항이 있다. 하향 조정될 수 있는 가격 기준으로 더 늘어날 주식 수를 감안해야 한다.

주식관련사채 발행은 공시 의무 사항이므로 공시를 통해 확인하자. 5단계 공시, 뉴스 검색 단계에서 주식관련사채 발행 여부를 추가로 확인하면 된다.

네이버금융 주식관련사채 발행 공시 화면

전환사채 발행 결정과 전환가액 조정 등은 공시사항이다. 특히 전환가액 조정 공시 화면을 보면 전환가액 조정(리픽싱) 금액을 알 수 있다. 전환가액이 하향 조정되면 전환될 물량이 더 늘어나게 되므로 주가에 악재다.

3단계

미래 PER을
보자

초보 투자자 기초 지식 쌓기

첫째 날

둘째 날

셋째 날

넷째 날

다섯째 날

부록 돈 버는 투자 습관

1. 미래 PER이 10배 이하인 저평가 회사를 찾는다.
2. 1단계와 2단계에서 구한 시가총액에 미래 당기순이익을 나눠 미래 PER을 계산한다(PER = 시가총액/당기순이익).
3. 미래 PER이 낮은 회사만이 분할매수 전략이 가능하다.

PER은 시가총액을 당기순이익으로 나눈 비율이다

1단계 당기순이익과 2단계 시가총액은 PER을 구하기 위한 예비 단계다. 당기순이익과 시가총액을 구해야 PER을 구할 수 있다.

PER_Price Earning Ratio(주가수익비율)은 주가를 EPS_Earning Per Share(주당순이

익)로 나눈 개념이다. EPS는 당기순이익을 발행주식 수로 나눈 것이다. 설명하다 보니 복잡하다. 쉽게 가자.

$$PER = \dfrac{주가}{EPS = \dfrac{당기순이익}{주식\ 수}} = \dfrac{시가총액(주가 \times 주식\ 수)}{당기순이익}$$

EPS를 풀어서 계산식에 대입해보면 결국 주가와 주식 수의 곱을 당기순이익으로 나누게 된다. 주가와 주식 수의 곱은 시가총액이라 했으니 PER는 시가총액을 당기순이익으로 나누기만 하면 된다. 꼭 기억하자. PER는 시가총액을 당기순이익으로 나누는 아주 쉬운 방법이라는 것을 말이다.

PER 10배의 경우 분모인 당기순이익을 10년간 동일하게 얻는다면 분자인 시가총액과 같아진다. 이는 시가총액에 해당하는 금액을 투자할 경우 10년간 얻을 당기순이익으로 투자금을 모두 회수할 수 있다는 의미다.

일부 바이오 회사 PER 100배는 우리 세대에 투자금을 상환받기 불가능하다. PER은 낮을수록 좋다. 외줄타기 곡예사가 높은 빌딩과 1층에서 외줄을 타는 경우 위험은 크게 다르다.

PER도 마찬가지다. 고PER과 저PER, 위험성을 높이별 외줄타기 사례와 비교해봐도 되겠다.

과거보다 미래 PER이 의미가 있다

주가는 미래 회사가치를 선반영한다. 그래서 바이오 회사들 PER이 100배인 것이다. 지금은 적자여도 신약 개발 후 미래 가치를 따지면 저평가이기에 PER 100배에도 매수가 몰린다. 결과는 먼 미래 신약 개발 여부에 달려 있지만 말이다. 기술적 분석이 과거 데이터를 기준으로 하듯 과거 기준으로만 PER을 판단하면 안 된다.

주가는 미래 회사가치를 선 반영하는데, 과거에 얽매이다 보면 오류는 당연하다. 미래 실적에 따른 미래 PER을 구해야 한다. 과거 실적 기준 PER은 20배로 평범한 회사도 미래 실적 기준으로는 PER이 5배일 수도 있다.

투자 가치가 높은 적정 PER은 10배 이하다

양호한 PER을 정의하기란 쉽지 않다. PER은 업종마다 평균치가 다르다. 제지 PER은 10배 이하가 다수인데, 바이오는 10배 PER을 찾기 어렵다. 바이오 PER이 높은 이유는 미래 가능성을 훨씬 높게 보기 때문이다.

동일업종 회사들과 비교해 고PER, 저PER을 구분한다. 가령 A 바이오 회사 PER이 30배인데 업계의 평균이 40배라면 현재 저평가라는 식이다. 업계 전체 PER이 거품이라면 다른 바이오 회사에 비해 낮다고 과연 저평가일지는 생각해봐야 한다. 이 책은 실적과 배당 기준 저평가 회사를 찾아 매수하고 손실구간에만 추가매수를 권한다. 최초 분석단계에서 고평가 회사를 저평가하는 오류를 범하면 추가매수 의미는 퇴색한다.

가급적 미래 PER 10배 이내인 회사에 집중하자. 미래 PER이 10배 이내라면 업종별로 차이는 있으나 버블은 아니다. 미래 PER이 5배 이하면 참 매력적이다. 그런 주식이 세상에 있겠느냐 반문하겠지만, 미래 PER이 5배인 회사들은 뉴스 검색을 하다 보면 분명 있다. 다만, 초보 투자자라면 미래 PER이 20배 이상인 회사는 투자 대상에서 가급적 제외하는 게 바람직하다. 굳이 그 종목 아니어도 저평가 투자 대상이 많다는 점을 기억하자.

3년간 부채비율, 당좌비율, 유보율을 보자

초보 투자자
기초 지식 쌓기

첫째 날

둘째 날

셋째 날

넷째 날

다섯째 날

부록
돈 버는 투자 습관

---

1. 수많은 재무비율 중 부채비율, 당좌비율, 유보율만으로 가성비 높은 분석을 하자. 각 비율들이 네이버금융에 이미 계산되어 있다.
2. 주식 수 증가 리스크를 피하기 위해 3년간 부채비율, 당좌비율을 본다.
3. 유보율로 안정성과 함께 무상증자 가능성을 본다.

부채비율, 당좌비율, 유보율로 가성비 높은 재무분석을 한다

투자 분석을 위한 재무비율은 너무나 많다. 꼭 필요한 것만 압축하는 가성비 높은 투자가 바람직하다. 안전한 투자를 하자는 모토에 맞게 안정성 지표인 부채비율, 당좌비율, 유보율 세 가지면 된다.

부채비율, 당좌비율, 유보율은 유·무상증자 판단기준이다

부채비율이 높고 당좌비율이 낮으면 자금 부족으로 유상증자 가능성이 높다. 유상증자는 오직 최대주주와 회사 임직원에게만 축복이다. 기존 주주에게는 물량 증가로 주가 하락을 부르기에 악재다. 반대로 부채비율이 낮고, 당좌비율이 높으면 비록 일시적인 당기순손실이라 해도 회사 운영이 안정적일 수 있다. 유보율이 높다면 유보금을 활용해 무상증자할 수도 있다.

부채비율은 부채총액을 자기자본으로 나눈 것으로 남의 돈과 내 돈을 비교한다. 남의 돈인 부채 의존도가 높으면 부실한 회사다.

$$부채비율 = \frac{부채총액}{자기자본(순자산)}$$

부채비율 100%는 남의 돈과 내 돈이 동일해서 빚잔치하면 무일푼이 된다. 부채는 순자산 이하(부채비율 100% 이하)가 좋다. 부채를 활용한 레버리지(지렛대) 효과는 바람직하나 부채가 너무 많으면 이자 내기도 벅차다.

당기순손실 증가는 현금 부족에 따른 부채비율 증가로 이어질 수 있다. 주식관련사채(신주인수권부사채, 전환사채, 교환사채) 발행도 부채비율 증가 원인이다. 은행이나 증권사 등 금융회사는 고객이 맡긴 돈을 언제든지 돌려줘야 하므로 부채로 잡는다. 이런 특별한 경우를 제외하고는 초보 투자자라면 부채비율 100% 이하 회사에 투자하는 걸 원칙으로 하자.

당좌비율은 당좌자산을 유동부채로 나눈다. 단기 지급 능력을 측정하는 지표다. 1년 이내 현금화할 수 있는 유동자산은 당좌자산과 재고자산으로 구분한다. 재고자산은 판매 과정을 거쳐야 현금화되나 당좌자산은 판매 과정 없이 현금화되는 자산이다. 현금, 예금, 외상매출금 등이 당좌자산이다. 재고자산은 8단계에서 재고자산회전율을 통해 추가 확인한다. 유동부채는 1년 이내 갚아야 하는 외상매입금, 단기차입금 등이다.

$$당좌비율 = \frac{당좌자산}{유동부채}$$

당좌비율이 100% 이하면 단기 운영자금 부족으로 유상증자로 이어질 수 있다. 초보 투자자라면 당좌비율 100% 이하인 회사에 대한 투자에 주의하자.

(사내)유보율은 잉여금을 자본금으로 나눈 비율이다. 잉여금은 남는 돈이다. 자본잉여금과 이익잉여금이 대표적이다. 남는 돈이 자본금보다 많으니 이보다 좋을 순 없다. 유보율이 높다는 것은 그동안 경영을 잘해서 회사에 자금이 많기에 재무구조가 탄탄하다는 의미다. 신규 투자를 하더라도 외부에서 조달할 필요가 없고 불황에도 강하다. 남는 돈 유보금으로 무상증자할 가능성도 높다.

초보 투자자 기초 지식 쌓기

첫째 날

둘째 날

셋째 날

넷째 날

다섯째 날

부록 돈 버는 투자 습관

$$（사내）유보율 = \frac{（자본 \cdot 이익）잉여금}{（납입）자본금}$$

곳간에 쌀이 넘치면 베풀어야 한다. 무상증자, 배당 등 주주 친화적 행동과 기부 등 사회적 배려가 민심을 얻는다. 민심을 얻어야만 경주 최부자처럼 위기 없이 오랜 기간 상생할 수 있다. 우리도 금융선진국처럼 배당 친화적인 기업문화로 바뀌길 기대해본다.

포털사이트 클릭 한 번이면 계산 끝이다

포털은 편리하게도 부채비율, 당좌비율, 유보율을 구해놓았다. 추이 분석도 쉽도록 3~5년 치를 연 단위로 구분했다. 또한 1년 치는 분기별로도 제공한다. 3년간 분석을 원칙으로 하되, 좀 더 세밀하게 보고 싶다면 5년간을 검토하면 되겠다.

5단계

뉴스와 공시를
보자

1. 재무자료에 없는 리스크 발견을 위해 3년간 뉴스·공시를 검색한다.
2. 악재 뉴스와 함께 호재 뉴스도 검색한다.
3. 뉴스를 통해 미래 이익 추정치를 찾을 수 있다면 투자 판단에 도움 되
   는 시가배당률과 미래 PER을 구할 수 있다.

호재와 악재 뉴스 중 핵심만 걸러내자

재무비율로 알 수 없는 호재·악재를 뉴스와 공시로 확인할 수 있다.
애널리스트, 기자들이 조사한 자료는 핵심 이슈를 찾는 데 매우 중요
하다. 많은 정보가 뒤엉켜 있기에 핵심만 걸러 내자. 투자 정보는 뉴

첫째 날 종목 고르는 비법을 공부하자

87

스·공시에서 생각보다 많이 나온다. 귀찮더라도 이 단계를 절대 빼먹지 말자.

악재 뉴스·공시를 통해 분석종목을 탈락시킨다

사업보고서, 유상증자, 주식관련사채 발행 등 상당수 공시는 네이버, 다음 등 포털사이트에 있다. 중요도가 낮은 일부 공시들만 빠져 있다. 심도 있는 분석을 원하면 금감원 다트를 추가로 확인하자. 공시도 검색 기간 3년을 원칙으로 하되, 좀 더 촘촘히 보고 싶다면 5년을 보자. 뉴스도 최소 3~5년 정도는 확인하자. 시가총액이 작은 회사, 굴뚝회사의 경우 뉴스가 적을 수 있다. 그런 회사는 가급적 5년 정도 뉴스를 스크린해줘야만 악재가 걸러진다.

뉴스·공시 분석 목적은 악재를 찾는 데 있다. 재무지표가 좋아도 악재가 많으면 투자 가치가 없다. 주요 악재 뉴스로는 유상증자, 무상감자, 주식관련사채 발행, 불성실공시 법인 지정, 관리종목 지정, 적정 아닌 감사의견, 실적악화, 규제강화, 환율 이슈, 원자재 가격 인상(인하), 소송, 횡령, 최대주주, 자사주, 회사 임원 고점 매도 등이다. 악재 뉴스가 많은 회사를 투자 종목에서 제외하는 이유는 안전한 투자를 하기 위함이다. 그래야 소위 물타기(분할매수)도 되고 지루한 기다림 끝에 수익도 맛본다. 악재 뉴스 중 3~5년간 유상증자, 주식관련사채 발행 여부는 꼭 점검해야 한다. 범죄도 한번 저지른 사람들이 자주 한다는 통계가 있듯, 유상증자(주식관련사채 발행)도 한번 해본 회사들이 자주 한다. 실전 투자에서 가장 빈번하게 발생하는 악재가 유상증자(주식관련사채 발행)이므로 꼭 스크린하자.

바이오, 제약 회사의 경우 무늬만 바이오인 경우도 상당수다. 특허, 기술력, 임상진행 상황 등을 뉴스를 통해 꼼꼼히 검토해야 한다. 우회상장迂廻上場한 회사들이 바이오 진출 발표 뒤 주가 상승만 챙기고 개발에 소극적이었던 경우도 많으니 꼭 살펴보자.

▶ **우회상장**
비상장기업이 거래소에 상장된 (부실)기업을 M&A해 상장적부심사나 공모주 청약 등 정식 절차 없이 상장하는 것이다.

미래 이익 추정치를 찾는 데 방점이 있다

주요 호재 뉴스는 무상증자, 자사주 매입, 고배당, 신제품 개발, 특허 취득, 증권사 매수 추천 리포트 발표, 실적개선, 정부 정책 추진, 테마 이슈, 신규 지수편입, 액면분할(병합), 경영권 분쟁 등이다. 이 중 실적 개선과 고배당은 가장 매력적인 뉴스다. 실적이 개선되는 회사들은 실적 발표 시점마다 계단식 상승을 보인다. 증권사 리포트나 뉴스에 향후 기업실적, 이익 추정치가 기재된 경우가 있다. 이익 추정치를 알게 되는 건 횡재다. 이를 허투루 보지 말고 꼭 종목분석으로 연결하자. 미래 이익 추정치만 있다면 미래 PER을 쉽게 구할 수 있으니 말이다.

호재 뉴스 vs. 악재 뉴스 예시

호재 뉴스	악재 뉴스
1. 무상증자 (유상감자)	1. 유상증자
2. 자사주 매입	2. 주식관련사채 발행
3. 고배당	3. 무상감자
4. 신제품 개발	4. 불성실공시 법인 지정
5. 특허 취득	5. 관리종목 지정
6. 증권사 매수 추천 리포트 발표	6. 적정이 아닌 감사의견
7. 실적개선	7. 실적악화
8. 정부 정책 추진	8. 정부와 글로벌 규제 강화
9. 신규 지수편입	9. 환율 이슈
10. 테마 이슈	10. 원자재 가격 인상(인하)
11. 액면분할(병합)	11. 소송, 횡령
12. 경영권 분쟁	12. 최대주주, 자사주, 회사 임원 고점 매도

시가총액이 작은 중소형사에 증권사 리포트는 단비다

시가총액이 작은 중소형사에 대한 증권사 리포트는 주가에 긍정적이다. 시가총액이 작은 소형주(스몰캡Small Cap)들은 거래량이 적고 주가 변동 폭도 작은 소외주다. 그런 회사에 증권사 리포트는 단비와 같다. 시장 관심이 집중되고 매수세가 증가하여 주가 상승으로 이어진다.

▶ 소형주
시가총액 상위 100위까지를 대형주(Large Cap), 상위 101위부터 300위까지를 중형주(Mid Cap), 나머지 종목을 소형주로 분류할 수 있다.

2018년 7월 말부터는 코스닥 소외주에 대한 증권사 기업분석보고서가 금융투자협회 홈페이지(정보센터-리서치 자료-코스닥 기업분석보고서)에 발표되고 있다. 보고서에는 투자 의견, 목표주가, 실적추정, 밸류에이션, 동종그룹 비교 등 투자에 도움되는 정보가 담겨 있다. 증권거래소도 증권 투자 정보포털 KRX 스마일을 통해 기업분석 보고서를 게재하고 있다.

뉴스를 멀리하면 주식투자에 성공할 수 없다

테니스에서 스윙 연습이 가장 중요하듯 뉴스·공시 검색은 주식투자에 있어 핵심이다. 이를 게을리하면 절대 성공할 수 없다. 매일 출퇴근 시간 기사 검색을 강조하는 이유가 바로 여기에 있다. 기사 한 편이 노후를 바꿀 수 있음을 잊지 말자.

3년간 시가배당률을 보자

> 1. 수신금리(2% 수준) 이상 고배당 여부 확인을 위해 3년간 배당을 본다.
> 2. 현재 주가 대비 배당금을 비교하면 시가배당률이 나온다. 시가배당률은 미래 PER과 함께 저평가 투자의 중요 기준이다.

배당을 많이 할 회사를 찾아야 한다

배당은 주주들에게 회사 이익을 나누는 행위다. 배당을 주는 회사는 당기순이익이 발생하는 우량회사다. 당기순손실이 지속되면 배당을 하기 어렵다. 실적개선으로 수익이 큰 폭으로 늘어날 경우 기존보다 배당이 증가할 수 있다. 배당은 이익 범위 내에서 횟수에 제한이 없고 현금 또는 주식으로 한다. 삼성전자, 쌍용양회 등 일부 회사는 분기배당 등 연중 4회 이상도 한다. 보통은 1년간 회계처리 기간이 종료되고 익년도 주주총회에서 결산서류를 보고한 다음 지급한다.

의무사항이 아니어서 배당금 대신 연구개발에 집중하는 회사도 있다. 그렇기에 배당을 많이 할 수밖에 없는 회사를 찾아야 한다.

첫째, 수익도 많고 실적이 개선되는 회사다. 당기순손실인 회사, 유보금이 많지 않은 회사, 현금이 없는 회사 등은 마음만 있을 뿐 실천이 불가능하다. 매년 배당하는 회사는 곳간에 돈이 넘쳐나니 망할 염려도 적으며 유상증자, 주식관련사채 발행도 할 필요가 별로 없다.

둘째, 최대주주 지분이 많은 회사다. 지분이 많은 최대주주 입장에서는 이익에 대해 법인세를 내느니 배당이 훨씬 이득이다. 주주를 위한다지만 본인을 위한 셀프 기부다.

셋째, 먹튀 논란도 있으나 배당에 호의적인 외국계 회사다. 예를 들면 글로벌신용평가사 피치Fitch가 73.5% 지분을 보유하고 있는 한국기업평가는 2020년 14%가 넘는 고배당을 했다. 미국 등 선진국은 배당에 호의적이라 그 배당 문화 영향을 받았다.

넷째, 최대주주 증여(사망)로 거액의 증여(상속)세가 발생한 기업이다. 연부연납제도로 세금을 장기간 나눠 낼 수 있기에 몇 년간 고배당을 통해 세금을 해결한다.

다섯째, 고려신용정보처럼 꾸준하게 고배당을 하는 국내 회사들이다. 상장한 지 얼마 되지 않는 스타트업들은 배당 대신 재투자 가능성이 높다. 초보 투자자라면 오랜 기간 검증된 고배당 회사 중심으로 접근하자. 마지막으로 적자회사는 배당 가능성이 적기에 배당 투자 목적으로는 알맞지 않다.

시가배당률은 저평가 투자의 중요 기준이다

주가가 저평가되어 있음을 판단하는 주된 기준은 첫째 미래 PER, 둘째 시가배당률이다. 시가배당률은 현재 주가와 배당금을 비교해서 은행이자율(2%)보다 2배 이상이면 투자 매력도가 매우 높다고 판단하는 것이다. 사실 은행이자율과 같은 2%대만 되도 배당 매력도가 있다.

$$\text{시가배당률} = \frac{\text{배당금}}{\text{주가}}$$

현재 주가가 1만 원인데 지난 3년간 평균 배당이 500원이면 시가배당률은 5%다. 어느 저축은행도 연 5% 이자는 없다. 시가배당률 투자법은 간단하다. 시가배당률 5%에 매수한 후 2.5%까지 버티면 된다. 시가배당률 2.5%까지 기다림이 하찮다 생각 말라. 주가가 1만 원에서 2만 원으로 100% 상승해야 시가배당률이 2.5%(500원/2만 원)가 된다.

시가배당률도 포털사이트 클릭 한 번이면 계산 끝이다

배당금도 3년간 추이를 확인해야 한다. 좀 더 촘촘하게 보려면 5년간 추이를 확인하자. 배당은 네이버, 다음 등 포털사이트 공시 화면에서 확인 가능하다. 배당과 함께 매출액, 영업이익, 당기순이익 증감 추이도 같이 확인하자. 이익 증가에 비례해 배당도 늘었는지 확인하자. 네이버, 다음 등에서 매출액, 영업이익, 당기순이익 추이도 쉽게 확인할 수 있다.

출퇴근 시간 고배당 뉴스를 봤다면 분석 순서를 시가배당률부터 해도 괜찮다. 호재 이슈 중심으로 순서는 조정하면 된다. 다만, 초보 투자자라면 일단 노하우가 쌓일 때까지는 이 책 분석 순서대로 하길 권한다.

초보 투자자
기초 지식 쌓기

첫째 날

둘째 날

셋째 날

넷째 날

다섯째 날

부록
돈 버는 투자 습관

지분율을
보자

1. 고배당 가능성, 경영 안전성 등을 판단하기 위해 최대주주, 5% 이상 지분 보유자 등의 3년간 지분변동추이를 확인한다.
2. 최대주주 지분이 높다면 품절주와 고배당 여부, 지분이 낮으면 경영권 위협이 검토 사항이다.

최대주주, 외국인, 기관투자자 지분변동추이를 눈여겨보자

회사 지분을 가장 많이 보유한 최대주주와 그의 특수관계인(친인척 등), 발행주식 총수의 5% 및 10% 이상 지분 보유자, 회사 임원 등의 주식 변동사항은 공시 대상이다. 공시를 제대로 안 할 경우 자본시장

법상 벌칙 조항이 있다. 이들의 현재 지분율과 과거 3년간 지분변동 추이를 확인해야 한다. 좀 더 세밀하게 보려면 5년간을 리뷰하면 되겠다.

본인과 특수관계인을 합해 지분(주식, 주식관련사채)을 5% 이상 보유한 경우 5일 이내 주식 등의 대량보유상황보고서를 공시해야 한다. 이를 보통 5%룰이라 한다. 5% 이상 보유 상태에서 1% 이상 변동되면 5일 이내 변경 공시해야 한다. 5% 미만이 되면 공시의무가 사라진다.

임원 또는 주요주주가 된 날부터 5일 이내 임원·주요주주 특정 증권 등 소유상황보고서를 공시해야 한다. 주요주주는 지분 10% 이상 주주나 주요 의사 결정이나 업무 집행에 사실상 영향력을 끼치는 주주(주로 최대주주에 특수관계인)다. 최초 보고 후 단 1주라도 변동이 있다면 5일 이내 보고해야 한다. 내부자이기에 5%룰보다 훨씬 규제가 강하다. 본인과 특수관계인 지분을 포함해 공시하는 5%룰과 달리 본인 지분만 공시한다.

지분율은 네이버, 다음 등 포털사이트에 자세하게 나와 있다. 과거 지분변동 추이를 좀 더 상세히 알고 싶다면 금감원 다트에서 주식 등의 대량보유상황보고서, 임원·주요주주특정 증권 등 소유상황보고서 등 지분공시를 확인하자. 아쉽게도 네이버, 다음 공시 화면에는 동 공시 자료가 포함되지 않았다.

첫째 날 조보 투자자 기초 지식 쌓기

첫째 날

둘째 날

셋째 날

넷째 날

다섯째 날

부록 돈 버는 투자 습관

금감원 다트 지분율 공시 화면

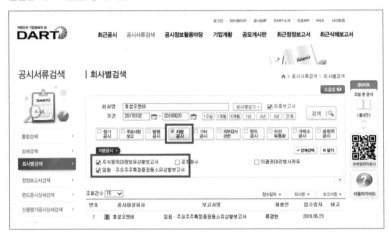

금감원 공시사이트인 다트에서 지분공시를 확인해본다. 5% 이상 주주(주식등의대량보유상황보고서), 회사 임원 및 10% 이상 주요주주(임원·주요주주특정증권등소유상황보고서) 지분율 변동사항이 확인 가능하다.

네이버금융 외국인, 기관 순매매 거래량 화면

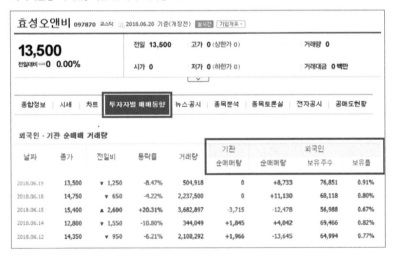

'투자자별 매매동향'에서 외국인과 기관투자자들의 자세한 거래량을 확인할 수 있다.

외국인과 기관투자자 일별_{Daily} 투자 현황은 증권사 HTS, MTS 및 네이버, 다음 등 포털사이트, 팍스넷(www.paxnet.co.kr) 등을 통해서도 알 수 있다. 참고로 기관투자자는 금융 회사(은행, 보험, 증권 등), 연기금, 사모펀드 등이다.

최대주주, 외국인, 기관투자자의 지분감소는 악재다

2020년 셀트리온 주식을 5% 이상 보유한 싱가포르 국부펀드 테마섹 _{Temasek}은 차익실현을 위해 블록딜을 했다. 싱가포르 국부펀드 매도 영향으로 주가는 단기 조정되었다.

최대주주, 외국인, 기관투자자는 소위 큰손이다. 큰손인 외국인과 기관투자자는 5% 이상 매집도 쉽게 할 수 있다. 개인보다 정보도 많고 분석 능력도 뛰어나다. 기관투자자는 엄격한 내부통제 기준을 적용받는다. 그들은 성장 한계, 실적악화, 고평가 등 객관적 사유로 매도한다. 외국인과 기관투자자 지분이 계속 감소하면 투자에 주의하자.

최대주주가 고점에서 파는 회사는 별로다. 아무리 호재가 남아 있더라도 최대주주 고점 매도 회사는 투자 대상에서 제외하자. 최대주주, 외국인, 기관투자자 지분은 늘어나는 게 좋다. 특히 외국인과 기관투자자 지분이 함께 증가하면 더욱 좋다. 초보 투자자라면 외국인과 기관투자자 지분이 함께 증가하는 회사에 대한 매수도 고려해보자.

최대주주 지분이 너무 많으면 유동성 이슈가 생기고
너무 적으면 경영권이 위협받는다

최대주주 적정 지분율에 정답은 없다. 경영권 방어가 가능한 지분 이상이면 된다. 발행주식 총수 50%에 1주만 더 있으면 절대 회사를 빼앗기지 않는다. 최대주주 지분이 70~80% 이상으로 너무 많으면 유통주식 수 부족으로 팔고 싶을 때 못 팔고 사고 싶을 때 못 산다. 그 결과 주도세력이 없는 약세장에 롤러코스터 주가급등락이 반복되는 품절주가 된다.

최대주주 지분이 많으면 배당 성향이 높다. 최대주주와 우호 지분합이 20% 이하면 경영권 분쟁에 휘말릴 수 있다. 기존주주를 배제한채 유상증자 남발로 지분이 낮아진 경우가 많다. 최대주주 지분이 낮으면 책임감도 부족하다. 초보 투자자라면 최대주주 지분이 너무 낮은 회사 투자에 주의하자.

8단계

3년간 매출채권회전율과 재고자산회전율을 보자

첫째 날

둘째 날

셋째 날

넷째 날

다섯째 날

부록
돈 버는 투자 습관

초보 투자자
기초 지식 쌓기

1. 부채비율, 당좌비율, 유보율로 찾기 어려운 허위매출, 매출채권 회수
   지연, 재고 누적 등 추가 리스크를 확인하기 위해 3년간 회전율을 확
   인한다.

외상으로만 많이 팔면 망한다

매출채권회전율은 전체 판매금액 중 외상값(매출채권) 비율이다. 매
출액을 매출채권으로 나눈다. 매출채권에는 외상매출금, 받을어음 등
이 있다. 매출채권이 늘어나면 매출채권회전율이 낮아진다. 매출채권
회전율이 낮아진다는 건 매출채권이 순조롭게 회수되지 않아 회수

기간이 길어지고 있음을 의미한다. 그 결과 현금흐름이 막혀 자금 압박에 시달릴 수 있다.

$$매출채권회전율 = \frac{매출액}{매출채권}$$

외상값을 상대방이 장기간 안 갚거나 망해서 못 준다면 나도 망한다. 매출채권 점검으로 숨겨진 진실을 밝힐 수 있다. 실제로는 팔지도 않았으면서 매출액만 잔뜩 올려놓는 허위매출을 발견해낼 수도 있다. 매출액 폭등인데 매출채권만 잔뜩 올린 경우다.

매출채권 규모, 3년간의 변화 추이 등을 점검해보자. 매출채권회전율이 3년간 크게 변화 없이 일정하게 유지되어야 좋다. 매출채권 비중이 크고 계속해서 매출채권이 증가한다면 투자에 주의하자.

재고가 많이 쌓여도 망한다

재고자산회전율은 전체 판매금액 대비 재고자산 비중이다. 유동자산은 당좌자산과 재고자산으로 구분한다. 재고자산회전율은 재고자산 회전속도, 즉 재고자산이 당좌자산으로 변하는 속도를 나타낸다. 적정한 재고는 판매를 위해 필요하나 재고가 매출액 대비 과하면 제품이 안 팔리고 있는 거다. 재고자산이 늘어나면 재고자산회전율이 낮아진다. 재고자산 회전속도가 낮아지면 회사 수익성이 악화된다.

$$재고자산회전율 = \frac{매출액}{재고자산}$$

초보 투자자
기초 지식 쌓기

첫째 날

둘째 날

셋째 날

셋째 날

다섯째 날

부록
돈 버는 투자 습관

재고자산이 매출액보다 많다면 재고자산회전율이 1회 이하로 좋지 않다. 재고자산 규모, 3년간의 변화 추이 등도 점검해보자. 3년간 크게 변화 없이 재고자산회전율이 일정하게 유지되어야 좋다. 재고자산 규모가 크고, 계속해서 증가한다면 투자에 주의하자.

매출채권회전율과 재고자산회전율도 계산하려면 복잡하다. 네이버, 다음 등 포털사이트에 3~5년 치 계산 결과가 다 있다. 최근 3년 정도 변화 추이를 점검하되 좀 더 촘촘히 하자면 5년간을 점검하자. 앞서 설명했듯 3년간 회전율에 큰 변화 없는지가 중요한 리스크 점검 포인트다. 적정 회전율에 대한 정답은 없지만 낮은 것보다는 높은 게 좋다. 회전율이 현저히 낮으면 매출채권과 재고자산이 너무 많다는 의미이니 회사의 현금흐름 등에 문제가 생길 수 있다.

시간이 된다면 동일업종 기업들과 회전율을 비교해보자. 타 기업 대비 현저히 낮은 점은 없는지 살펴볼 필요가 있다.

PBR을
보자

9단계

1. 굴뚝기업엔 PBR 판단이 중요하다.
2. 최근 연도 PBR을 확인한다. 네이버금융을 참고하자.
3. 투자 판단 중요 지표는 미래 PER이다. PBR이 비록 높더라도 미래 실적이 월등히 좋다면 PBR 고평가 여부는 우선순위에서 밀린다.

PBR은 장부상 청산가치다

순자산(자본금+자본·이익잉여금 등)을 자기자본이라고도 한다. 총자산에서 부채(타인 자산)를 제외한 순수한 내 재산이다. PBR~Price Book-value Ratio~(주가순자산비율)은 BPS~Book-Value Per Share~(1주당 순자산)를 주가와 비교한 수치다. 어렵다면 아래 식처럼 쉽게 가자.

$$PBR = \cfrac{주가}{BPS = \cfrac{자기자본(순자산)}{주식\ 수}} = \cfrac{시가총액(주가\times주식\ 수)}{자기자본(순자산)}$$

결국 PBR도 PER처럼 시가총액이 중요 요소다. PER은 시가총액을 당기순이익으로 나누나, PBR은 시가총액을 자기자본(순자산) 나눈다. 군이 계산하지 않아도 네이버금융에 잘 계산되어 있으므로 이를 활용하면 된다.

시가총액을 자기자본으로 나누는 값이니 당연히 PBR을 통해 청산가치를 알 수 있다. PBR이 1배라는 것은 시가총액과 자기자본이 똑같으므로 회사 보유 재산과 일치하게 주식시장에서 회사가치(청산가치)를 평가받고 있는 것이다. 이는 보유 재산을 전부 매각(청산)하면 투자금을 모두 회수할 수 있다는 의미다. PBR은 1배 이하(시가총액<자기자본)로 낮으면 낮을수록 청산가치보다 저평가이기에 좋다. 바이오 회사는 주가급등(버블)에 비해 연구기업 특성상 토지가 크게 필요없으니 PBR이 10배를 넘는 경우도 많다.

당기순이익 증가는 PBR에 영향을 준다. PBR은 시가총액을 자기자본(자본금 + 자본 · 이익잉여금 등)으로 나눈 값이다. 당기순이익 증가는 이익잉여금 증가로 이어진다. 결국 분모인 자기자본 증가 결과 PBR이 낮아진다. 실적개선과 당기순이익 증가가 PER뿐만 아니라 PBR에

초보 투자자 기초 지식 쌓기

첫째 날

둘째 날

셋째 날

넷째 날

다섯째 날

부록 돈 버는 투자 습관

도 긍정적 요소임을 알 수 있다.

굴뚝회사라 무시하지 마라, 그들은 땅 부자다

저PBR 굴뚝회사는 영업이익 폭등 가능성이 적다. 매년 비슷한 매출에 주가는 정중동이다. 투자자 입장에서 참 답답한 주가흐름이다. 그러나 굴뚝회사 무시하지 말자. 그들은 땅 부자로 PBR 측면에서는 갑이다. 자산재평가를 안 한 땅이 있다면 더할 나위 없이 좋다. 자산재평가를 통해 땅 가치를 제대로 자기자본에 반영해주면 주가는 크게 상승한다. 토지 위치가 테마주 바람을 타고 수익을 줄 수도 있다. 가령 남북 화해 무드에 보유 토지가 휴전선 철책에 몰려 있다든가, 부산, 대구, 제주 신공항 부지와 인접한 경우 테마 바람도 탈 수 있다.

순현금을 많이 보유한 저PBR 회사도 있다. 이런 기업들은 재무 비율도 우량하다. 여유자금으로 신규사업 진출, 고배당, 무상증자 등을 할 수도 있다. 보유 현금, 우량한 재무 비율에 더해 향후 실적 전망, 업황 성장성 등이 기대된다면 적극적인 투자 대상이다. 땅 부자 회사와 순현금을 많이 보유한 저PBR 회사는 강세장보다 약세장에 장점이 두드러진다. 저PBR 회사들은 강세장에서는 혹시 소외될 수 있어도 약세장에서는 가진 재산이 많기에 가격 지지력이 강하다. 가령 9·11 테러, 미국 신용등급 하락과 같은 강한 시장 충격에 주가 하락 폭이 상대적으로 적다.

PBR 고평가 여부보다 미래 PER 저평가 여부가 중요하다

미래 PER도 좋은데 PBR도 낮으면 금상첨화겠다. 그런데 미래 PER은 좋은데 PBR이 높다면 고민이다. PBR 5배 이상은 조심해야 한다. 실적 대비 PBR이 과도하게 높으면 조심하는 게 좋다.

이 책에서 PBR은 PER 대비 활용도가 낮다. 실적개선에 방점을 두고 미래 PER과 시가배당률을 중요시한다. PBR이 비록 높더라도 미래 실적과 시가배당률이 월등히 높다면 고PBR 여부는 투자 판단에서 제외할 수 있다.

이 단계까지 오면서 투자 위험성이 높은 회사는 제외했다. 이 책을 읽기 전까지 9단계까지 분석해본 적이 없어서 손해만 봤을 수도 있다. 미래 PER을 제외하고는 네이버금융에 다 계산되어 있기에 재무지표를 찾기만 하면 된다. 얼마나 쉬운 일인데 그동안 안 했단 말인가?

다양한 정보를 조금 더 살펴봐도 된다

시간 여유가 된다면 회사 소재지, 설립 및 상장연도, 매출 품목, 모(자)회사 현황, 최대주주 정보, 공매도, 대차잔고 현황 등도 찾아보자. 사람 간에 통성명이 기본인 것처럼 투자하려는 회사 기본 정보는 알고 있어야 한다.

회사 소재지는 주로 테마주에서 이슈화된다. 본사가 유력 대선후보 출생지에 있다면 정치 테마주, 휴전선 부근 땅은 남북경협주다. 그 외에도 신공항 건설, 평창올림픽 등 인프라 구축 이슈와 연결되기도 한다. 회사 설립과 상장연도 점검 이유는 업력이 오래될수록, 상장 기간이 길수록 내공이 있기 때문이다.

자회사, 모회사 현황도 점검하면 좋다. 자회사 덕분에 모회사가 빛나는 경우도 있고 자회사 덕분에 힘든 경우도 있다. 자회사, 모회사 매출 현황을 금감원 다트 사업보고서를 통해 점검해도 좋다. 무림페이퍼는 제지회사로 펄프제조회사 무림P&P의 모회사다. 2018년 봄 펄프제조 자회사가 없는 대다수의 제지회사는 원재료인 펄프의 국제가격 상승으로 인해 손익이 급감했으나, 무림페이퍼만은 자회사로 펄프제조회사 무림P&P를 보유한 덕분에 영업이익이 크게 증가했다.

고령 최대주주가 있다면 상속·증여 이슈가 있을 수 있다. 최대주주의 나이도 체크해보면 좋겠다. 상속(증여) 계획이 있는 고령 최대주주는 주가 상승을 원하지 않는다. 상속(증여)세는 주가 기준으로 내기 때문이다. 길게 본다면 이때가 저평가 저가 매수 기회다. 특수관계인은 주로 가족인 경우가 많으므로 특수관계인 지분도 확인해보자. 롯데그룹, 한진칼처럼 형제간 경영권 싸움이 발생할 수도 있으니 말이다.

내 생각을 해보자

초보 투자자
기초 지식 쌓기

첫째 날

둘째 날

셋째 날

넷째 날

다섯째 날

부록
돈 버는 투자 습관

1. 최종 투자 결정을 위한 마지막 관문으로 내 생각을 정리한다.
2. 스토리텔링으로 다양한 경우의 수와 매수, 매수보류 이유를 쓴다.
3. 미리 매도 디데이를 정할 수 있다면 투자 매력도가 훨씬 높아진다.
4. 매수 확신이 들면 급등 그래프일지라도 공격적 매수뿐이다.

내 생각을 정리하는 가장 주관적인 단계다

9단계까지가 재무지표, 뉴스 · 공시 등 사실에 기반한 검증이었다면 마지막 단계는 최종 판단이다. 〈복면가왕〉에서 기존 가왕과 최후 1인 후보자 중 최종 승자를 뽑는 과정과 흡사하다. 즉 기존 투자 경험치와 비교해 매력이 철철 넘쳐야만 뽑아주는 거다. 다만 〈복면가왕〉은 노래와 끼에 흥분해서 뽑지만, 투자 종목은 법원 판사처럼 객관적 데이터에 근거해 이성적으로 결정한다. 스토리텔링 기법을 활용해 무한 상상하는 단계이기도 하다.

매수 이유와 매수보류 이유를 생각해보자

매수 이유와 매수보류 이유를 나열해보자. 매수 이유가 매수보류 이유보다 많다고 매수하는 것은 아니다. 보류 이유가 심각하다면 매수하지 말아야 한다. 장사도 차별화되어야 성공하듯 미래 PER 5배, 시가배당률 7% 등 강렬한 핵 펀치 한 방이 있어야 한다. 주마가편走馬加鞭이라 했다. 달리는 말에 채찍질하듯 확실하게 이길 싸움터에만 뛰어들자. 위험하진 않으나 특별함이 없으면 매수는 보류하는 게 맞다.

미리 매도 디데이를 정할 수 있다면 매력적이다

미리 매도일을 정할 수 있다면 매력적이다. 스토리텔링 끝 장면이 해피엔딩으로 감동적이기 때문이다. 디데이는 실적 발표일, 정책발표일, 해외 수주 결정일, 황사, 장마 등 예측 가능한 날이다. 가령 문재인-김정은 양국정상회담, 과거 나로호 발사, 하이마트 롯데 매각, 이명박 정부 원전수주, 안철수 전 대선후보 귀국, 싸이 앨범 발표, 월드컵축구 개막, 임상실험 발표일 등이 투자 디데이다. 디데이가 있는 투자는 저가 매수 후 디데이까지 평정심만 유지하면 된다. 디데이를 확실히 안다면 적극적으로 투자에 임하자.

확신이 든다면 적극 매수한다

이길 싸움이란 확신이 선다면 매수는 빠를수록 좋다. 기술적 분석으로는 도저히 매수할 수 없는 급등 그래프라도 문제없다. 혹시 단기적으로는 비싼 매수일지라도 장기적으로는 상승 초기일 수 있다. '아끼다 똥 된다'라는 말처럼 저점매수만 고집하면 순간 급등으로 매수도 못 하는 난처한 상황에 직면할 수도 있다. 확신이 선다면 주저하지 말자. 추가매수할 수 있는 믿는 구석이 있기에 최초 매수 30~50%는 공격적으로 해보자.

초보 투자자
기초 지식 쌓기

첫째 날

둘째 날

셋째 날

넷째 날

다섯째 날

부록
돈 버는 투자 습관

순서대로 따라 하면 돈 버는
종목선정 분석표

1. 초보자이기에 정해진 틀에 맞추자

초보 투자자를 위해 종목선정 분석표를 준비했다. 뒤에 나온 분석표 순서
대로 빈칸을 채우다 보면 최종 분석 단계까지 순항할 수 있다.

2. 숫자보다 분석에 방점이 있다

재무적 숫자를 어떻게 받아들이는지에 따라 흙 속 진주가 세상에 나오느냐
가 달렸다. 리스크를 줄이기 위해 단계마다 생각을 정리해야 한다.

3. 손으로 쓰면 생각이 깊어지고, 키보드로 치면 편리해진다

아무래도 손으로 일일이 숫자와 분석 내용을 쓰다 보면 생각이 깊어진다.
컴퓨터에 엑셀 표를 만들어 직접 입력할 수도 있다. 표를 저장해두고 필요
할 때마다 꺼내 볼 수 있으니 편리하다.

4. 익숙해질 때까지 무한반복뿐이다

중요한 건 실천이다. 익숙해질 때까지 계속 반복하자.

샌드타이거샤크의 종목선정 분석표

단계	분석 내용			
당기 순이익	3년 전	2년 전	1년 전	예측(E)
	4분기 전	3분기 전	2분기 전	1분기 전	예측(E)
	〈매출액, 영업이익 추이 리스크 체크〉			
시가총액	발행주식 수	교부 예상 주식 수	현재 주가	
	〈시가총액: 주식 수(주식관련사채 교부 예상 주식 수 포함)×현재 주가〉			
미래 PER	〈시가총액 / 예측(E) 연간 당기순이익〉			
재무비율	3년 전	2년 전	1년 전	1분기 전
부채비율				
당좌비율				
유보율				
공시	〈호재 공시〉			
	〈악재 공시: 유상증자, 주식관련사채 발행, 불성실공시 법인 지정, 무상감자, 관리종목 지정 등〉			
뉴스	〈호재 뉴스〉			
	〈악재 뉴스〉			

초보 투자자 기초 지식 쌓기

첫째 날

둘째 날

셋째 날

넷째 날

다섯째 날

부록 돈 버는 투자 습관

단계	분석 내용			
시가 배당률	3년 전 배당	2년 전 배당	1년 전 배당	예측(E) 배당
	〈시가배당률 : 예측(E) 배당/현재 주가〉			
지분율	〈최대주주 및 5% 이상 지분율 및 추이 리스크 체크〉			
	〈기관, 외국인 지분율 특이사항 체크〉			
매출 채권 회전율	〈3년간 추이 리스크 체크〉			
재고 자산 회전율	〈3년간 추이 리스크 체크〉			
PBR				
나의 생각	〈매수 이유〉 1. 2. 3. 4. 5.			
	〈보류 이유〉 1. 2. 3.			
	매수희망가	매수희망일	매도희망가	매도희망일

네이버 앱으로 간단히 하는
종목분석 3단계

초보 투자자의
기초 지식 쌓기

첫째 날

둘째 날

셋째 날

넷째 날

다섯째 날

부록
토 바른 투자 습관

출퇴근 시간 한 시간 안에 뉴스 검색부터 종목분석까지 한 번에 끝내는 방법을 알아보자. 이 방법은 〈1단계〉 미래 PER 예측(PER와 PBR 점검) → 〈2단계〉 재무지표 분석(부채비율, 당좌비율, 유보율, 당기순이익 점검) → 〈3단계〉 뉴스·공시 검색(호재와 악재 뉴스, 배당, 지분변동 점검)으로 이루어진다.

[1단계] 미래 PER 예측

1단계 미래 PER을 구하기 위해서는 향후 당기순이익과 시가총액(시총)이 필요하다. 뉴스를 통해 찾은 예상 당기순이익과 현재 시가총액을 비교해 미래 PER을 구한다. 화면상의 PER은 과거 실적 기준 PER이다. 우리가 원하는 PER은 미래 실적 기준이기에 향후 예상 당기순이익 기준으로 계산해야 한다.

[2단계] 재무지표 분석

매출액, 영업이익, 당기순이익, 부채비율, 당좌비율, 유보율이 간편하게 한 화면에 다 들어 있다.

10단계 분석법에서 당기순이익과 재무비율을 각각 점검했는데, 이를 한 화면에서 한 번에 해결한다. 연간실적을 통해 3년간 연 단위 자료를, 분기 실적을 통해 4분기간 자료를 쉽게 볼 수 있다. 당기순손실, 과다한 부채비율 등 위험 요소를 빠르게 점검하자.

[3단계] 뉴스·공시 검색

뉴스·공시를 통해 호재성·악재성 이슈를 점검한다. 뉴스·공시를 점검하면서 10단계 종목분석에서 했던 6단계 배당, 7단계 지분변동은 어느 정도 스크린된다. 뉴스나 공시를 통해 주식관련사채 발행 정보도 알 수 있다.

실제 분석 사례: 효성오앤비

초보 투자자
기초 지식 쌓기

첫째 날

둘째 날

셋째 날

넷째 날

다섯째 날

부록
돈 버는 투자 습관

1. 효성오앤비 2018년 3월 6일 장중 1만 원 가격이 깨지다

친환경 유기질비료 생산업체인 효성오앤비를 선택한 이유는 첫째, 높은 시가배당률이었다. 2017년 350원 배당금과 3월 6일 주가 1만 원 기준 시가배당률은 3.5%였다. 6월 말 결산법인이므로 배당 기준일까지 4개월도 남지 않았다. 둘째, 매년 반복되는 장마 테마 학습 효과였다. 고배당과 장마 테마 이슈로 6월을 매도 디데이로 정할 수 있었다. 셋째, 비료회사이기에 남북경협 테마 가능성이었다. 과거 비료는 인도적 대북 지원사업 중심이었다. 넷째, 기본 재무구조가 좋았다. 10%대 낮은 부채비율, 400%대 높은 당좌비율, 2,000%대 유보율이 끌렸다. 당좌비율과 유보율을 볼 때 무상증자도 충분히 가능했다. 다섯째, 자사주 매수단가인 10,211원보다 낮은 주가도 매력적이었다. 결론적으로 효성오앤비는 남북정상회담으로 남북경협 테마가 되었고, 2018년 4월 50% 무상증자 발표도 했다. 주가는 불과 2개월 만에 급등했다.

효성오앤비 2018년 3월과 5월 주가 비교

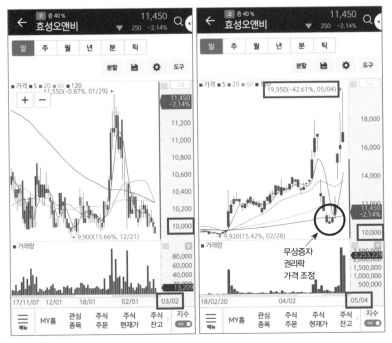

(좌)2018년 3월 효성오앤비 주가가 장중 1만 원이 붕괴되었다.
(우)2018년 4월 남북정상회담과 50% 무상증자 공시로 급등했다. 4월 23일 무상증자 권리락 가격 조
정(17,000원 → 11,450원) 이후 북미정상회담, 장마 테마로 다시 급등했다.

출처: 미래에셋대우

2. 효성오앤비 3년간 당기순이익을 확인하다

매출액, 영업이익, 당기순이익이 3년 전 대비 지속적으로 줄어드는 건 우

려 사항이었다. 다만, 실적이 과하게 하락하진 않았고 흑자가 지속되고 있

는 점, 당기순이익 감소에 따라 하향 조정된 주가는 고평가가 아니란 점 등

은 다행이었다. 2017년 3분기 4억 적자는 비료 매출의 계절적 특성을 감안

초보 투자자 기초 지식 쌓기
첫째 날
둘째 날
셋째 날
셋째 날
다섯째 날
부록 돈 버는 투자 습관

해 문제없다고 판단했다.

단계	분석 내용			
당기 순이익	3년 전	2년 전	1년 전	예측(E)
	69억 원	51억 원	53억 원	–
	4분기 전	3분기 전	2분기 전	1분기 전	예측(E)
	26억 원	22억 원	△4억 원	8억 원	–
	〈매출액, 영업이익 추이 리스크 체크〉 3년간 매출액 점진적 감소추세(408 → 404 → 344억 원) 영업이익 3년 전 대비 하락(69 → 51 → 53억 원)			

네이버금융 효성오앤비 3년간 당기순이익 화면

주요재무정보	최근 연간 실적				최근 분기 실적				
	2015.06	2016.06	2017.06	2018.06(E)	2017.03	2017.06	2017.09	2017.12	2018.03
	IFRS 연결	IFRS 연결	IFRS 연결	IFRS 연결	IFRS 연결	IFRS 연결	IFRS 연결	IFRS 연결	IFRS 연결
매출액(억원)	408	404	344		124	126	33	50	89
영업이익(억원)	89	64	61		30	27	-5	6	16
당기순이익(억원)	69	51	53		26	22	-4	8	13

메인 화면 하단에서 3년간 매출액, 영업이익, 당기순이익을 확인할 수 있다.

네이버금융 효성오앤비 5년간 당기순이익 화면

| 종합정보 | 시세 | 차트 | 투자자별 매매동향 | 뉴스공시 | **종목분석** | 종목토론실 | 전자공시 | 공매도현황 |

| 기업현황 | 기업개요 | 재무분석 | **투자지표** | 컨센서스 | 업종분석 | 섹터분석 | 지분현황 | 🖨 인쇄 |

효성오앤비 🔊 📊 097870 Hyosung ONB | KOSDAQ : 화학 | WICS : 화학

| EPS **622** | BPS **7,251** | PER **23.06** | 업종PER **9.67** | PBR **1.98** | 현금배당수익률 **1.67%** | 결산기 : 06월 |

* PER : 전일자 보통주 수정주가 / 최근결산 EPS   * 현금배당수익률 : 최근 결산 수정DPS(현금) / 전일자 보통주 수정주가
* PBR : 전일자 보통주 수정주가 / 최근결산 BPS   * WICS : WISEfn Industry Classification Standard, modified by WISEfn
* PER 값이 (-)인 것은 당기순이익 값이 (-)인 적자상태를 의미합니다.

투자분석   주재무제표 ▼ ◉연간 ○분기 검색 IFRS ? 산식 ?

| 수익성 | 성장성 | 안정성 | 활동성 |

* 단위 : 억원, %, %p, 배   * 분기 : 순액기준

항목	2013/06 (IFRS연결)	2014/06 (IFRS연결)	2015/06 (IFRS연결)	2016/06 (IFRS연결)	2017/06 ➕ (IFRS연결)	전년대비 (YoY)
⊞ 매출총이익률	39.43	40.13	42.53	38.32	41.53	3.20
⊟ 영업이익률	17.80	18.88	21.75	15.87	17.70	1.83
영업이익 〈당기〉	59.0	71.7	88.8	64.1	60.9	-5.0
매출액 〈당기〉	331.4	379.4	408.5	404.0	344.2	-14.8
⊟ 순이익률	15.68	17.88	16.95	12.55	15.35	2.80
당기순이익 〈당기〉	52.0	67.8	69.3	50.7	52.8	4.2

종목분석–투자지표–투자 분석(수익성)에서 5년간 매출액, 영업이익, 당기순이익을 확인할 수 있다.

3. 시가총액을 확인하다

발행주식 580만 주, 주가 1만 원으로 시가총액은 580억 원이었다.

단계	분석 내용		
	발행주식 수	교부 예상 주식 수	현재 주가
	580만 주	없음	1만 원
시가총액	〈시가총액: 주식 수(주식관련사채 교부 예상 주식 수 포함)×현재 주가〉 시가총액 580억 원(580만 주×1만 원＝580억 원)		

4. 미래 PER을 계산하다

미래 실적 추정치가 없어 2017년 당기순이익 53억 원을 대입하니 PER은 10.9배였다. PER이 높진 않았고 동종업종 기업인 조비, 남해화학 등에 비해서도 양호했다.

단계	분석 내용
미래 PER	〈시가총액 / 예측(E) 연간 당기순이익〉 580억 원/53억 원 = 10.9배 - 뉴스에 미래 예측치가 없어 1년 전 당기순이익 활용

5. 3년간 재무비율(부채비율, 당좌비율, 유보율)을 확인하다

2017년 12월 기준 부채비율 10%, 당좌비율 402%, 유보율 2,049%였다. 최근 3년 추이를 보면 부채비율 감소, 당좌비율과 유보율 증가였다. 재무비율은 더할 나위 없이 매력적이었다. 특히 당좌비율과 유보율을 볼 때 무상증자 가능성도 있었다.

단계	분석 내용(%)			
재무비율	3년 전	2년 전	1년 전	1분기 전
부채비율	25.6	19.2	9.3	10.8
당좌비율	212	282	578	402
유보율	1,836	1,916	2,103	2,049

네이버금융 효성오앤비 3년간 부채비율, 당좌비율, 유보율 화면

기업실적분석									
주요재무정보	최근 연간 실적				최근 분기 실적				
	2015.06	2016.06	2017.06	2018.06(E)	2017.03	2017.06	2017.09	2017.12	2018.03
	IFRS 연결	IFRS 연결	IFRS 연결	IFRS 연결	IFRS 연결	IFRS 연결	IFRS 연결	IFRS 연결	IFRS 연결
부채비율(%)	25.64	19.19	9.30		7.62	9.30	11.84	10.76	10.42
당좌비율(%)	212.31	282.00	577.90		586.88	577.90	425.86	401.65	420.18
유보율(%)	1,836.48	1,961.31	2,103.47		2,026.24	2,103.47	2,022.21	2,048.71	2,095.21

메인 화면 하단에서 3년간 부채비율, 당좌비율, 유보율을 확인할 수 있다.

네이버금융 효성오앤비 5년간 부채비율, 당좌비율, 유보율 화면

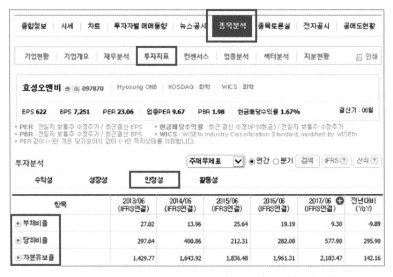

종목분석–투자지표–투자 분석(안정성)에서 5년간 부채비율, 당좌비율, 유보율을 확인할 수 있다.

6. 3년간 뉴스·공시를 확인하다

공시를 확인해본 결과 특이사항은 없었다. 자기주식 취득 공시를 통해 확인한 자사주는 42만 주였다. 전체 상장주식 수 580만 주 대비 7.24% 수준이었다. 네이버 공시에는 자기주식 취득결과보고서가 링크되어 있지 않아 금감원 다트에서 자기주식 취득결과보고서(2017년 11월)를 확인해봤다. 자사주 평균 취득단가는 10,211원이었다.

기사 검색으로 향후 친환경 농산물 인증면적 확대를 예상하는 증권사 리포트를 확인할 수 있었다.

단계	분석 내용
공시	〈호재 공시〉 자사주 매입 총 42만 주, 매입가격 10,211원 3년 연속 현금 배당 결정(250원 → 200원 → 350원)
	〈악재 공시: 유상증자, 주식관련사채 발행, 불성실공시 법인 지정, 무상감자, 관리종목 지정 등〉 특이사항 없음
뉴스	〈호재 뉴스〉 친환경농업 육성 5개년 계획으로 인증면적 확대 예상
	〈악재 뉴스〉 친환경 농산물 인증 기준 강화에 따른 친환경 인증면적 감소 → 주력제품인 유기질 비료 사용 감소

네이버금융 효성오앤비 공시 화면

금감원 다트 효성오앤비 자기주식 취득결과보고서 공시 화면

네이버금융 공시는 중요도가 떨어지는 공시는 보여주지 않는다. 자기주식 취득결정 공시는 네이버 금융 공시 화면에 있으나 취득결과 공시는 없다. 이럴 경우 금감원 공시사이트인 다트에 들어가자. 다트에서 자기주식 취득결과보고서를 보면 자기주식 취득가액을 확인할 수 있다.

네이버금융 효성오앤비 자기주식 취득 공시 화면

자기주식 취득 결정

1. 취득예정주식(주)		보통주식	150,000	
		기타주식	–	
2. 취득예정금액(원)		보통주식	1,423,500,000	
		기타주식	–	
3. 취득예상기간		시작일	2017년 09월 27일	
		종료일	2017년 12월 26일	
4. 보유예상기간		시작일	–	
		종료일	–	
5. 취득목적			주가 안정 및 주주가치 제고	
6. 취득방법			장내	
7. 위탁투자중개업자			SK증권	
8. 취득 전 자기주식 보유현황	배당가능이익 범위 내 취득(주)	보통주식	270,000	비율(%) 4.66
		기타주식	–	비율(%) –
	기타취득(주)	보통주식	–	비율(%) –
		기타주식	–	비율(%) –
9. 취득결정일			2017년 09월 26일	
– 사외이사참석여부		참석(명)	1	
		불참(명)	–	
– 감사(사외이사가 아닌 감사위원)참석여부			참석	
10. 1일 매수 주문수량 한도		보통주식	15,000	
		기타주식	–	

기존 27만 주 자기주식에 15만 주를 추가 취득한다. 자사주 취득을 증권사에 위탁하는 경우가 많다. 2017년 9월 27일부터 12월 26일까지 3개월 동안 SK증권이 위탁받아 대신 매수한다. 자사주 취득 공시 기간 중 매수를 고려한다면 SK증권 일일 매수현황을 매일 점검해보자.

7. 2018년 3월 6일 주가 1만 원 대비 시가배당률을 확인하다

2018년 3월 6일 주가 1만 원 대비 2017년 배당금 350원을 적용해 본 시가 배당률은 3.5%였다. 예금 금리(2%) 이상으로 매력적이었다.

단계	분석 내용			
시가 배당률	3년 전 배당	2년 전 배당	1년 전 배당	예측(E) 배당
	250원	200원	350원	–
	〈시가배당률 : 예측(E) 배당/현재 주가〉 3.5% 시가배당률은 매력적인 투자 포인트 (350원/1만 원)×100 = 3.5% – 실적 예측치가 없는 관계로 1년 전 배당을 적용			

네이버금융 효성오앤비 공시 화면

뉴스·공시에서 배당 공시를 확인한다. 공시 화면에서 3~5년간 연도별로 배당 여부를 확인한다. 효성오앤비의 경우 6월 결산법인이므로 연도별 8~9월경 배당 공시를 해왔다.

네이버금융 효성오앤비 현금배당 공시 화면

효성오앤비(주) 현금·현물배당 결정
KOSCOM | 2017.08.11

현금·현물배당 결정

1. 배당구분		결산배당
2. 배당종류		현금배당
- 현물자산의 상세내역		-
3. 1주당 배당금(원)	보통주식	350
	종류주식	-
- 차등배당 여부		미해당
4. 시가배당율(%)	보통주식	2.8
	종류주식	-
5. 배당금총액(원)		1,935,500,000
6. 배당기준일		2017-06-30
7. 배당금지급 예정일자		2017-10-11
8. 승인기관		주주총회
9. 주주총회 예정일자		2017-09-26
10. 이사회결의일(결정일)		2017-08-11

2017년 8월 11일 효성오앤비의 현금, 현물배당 공시를 클릭하면 2017년 6월 30일 기준 현금배당을 350원 했다. 배당 기준일이 6월 30일이므로 2영업일 전인 6월 28일까지 매수한 주주에게만 배당이 됨(배당부)을 참고하자.

8. 주식 지분율을 확인하다

최대주주 및 특수관계인 지분율은 46.78%로 경영권 방어에 안정적이었다. 다만, 자산운용사 지분이 감소되었던 점은 아쉬웠다. 3개월간 외국인, 기관투자자에 유의미한 지분변동은 없었다. 외국인 지분비율은 2%였다.

단계	분석 내용
지분율	〈최대주주 및 5% 이상 지분율 및 추이 리스크 체크〉 최대주주 지분 46.8%로 안정적 경영권 유지 가능 5% 이상 보유자였던 자산운용사(라자드자산운용, 미래에셋자산운용 등) 지분율 감소
	〈기관, 외국인 지분율 특이사항 체크〉 지난 3개월간 기관, 외국인의 유의미한 매수·매도 동향은 없음 외국인 지분 약 2% 수준

네이버금융 효성오앤비 지분현황 화면

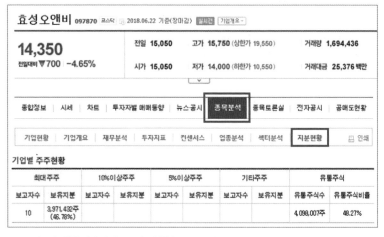

종목분석−지분현황에서 최대주주 지분현황을 알 수 있다.

네이버금융 효성오앤비 지분변동현황 화면

거래일	주주명	지분 변동율 (%)	변동후 보유지분율 (%)	변동후 보유주식수	거래단가 (원)	거래금액 (억원)	변동사유
17/06/30	미래에셋자산운용	-5.00	0.00	0	12,300	-35.64	기타(-)

주주 변동내역 요약(최근 20개)

종목분석–지분현황에서 최근 주주변동 내용을 확인할 수 있다. 2017년 6월 미래에셋자산운용이 지분 5%를 매도한 사실을 확인했다.

금감원 다트 주식 등의 대량보유상황보고서 현황 화면

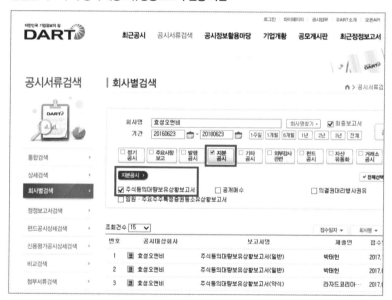

5% 이상 주요주주의 지분변동 현황, 특히 자산운용사 지분변동 현황을 확인하고 싶어 금감원 공시사이트 다트에 들어가 주식 등의 대량보유상황보고서를 확인했다. 그 결과, 라자드코리아자산운용 등의 지분매도를 추가로 확인할 수 있었다.

9. 3년간 매출채권회전율과 재고자산회전율을 확인하다

3년간 매출채권회전율과 재고자산회전율이 크게 변화하지는 않았다. 매출 대부분이 농협을 통해 이루어지므로 매출채권회전율도 문제되진 않았다.

단계	분석 내용
매출채권 회전율	〈3년간 추이 리스크 체크〉 3년간 회전율에 큰 변동은 없음(2.87 → 3.21 → 3.01) 남해화학(12.7회), 경농(9회), 조비(5.6회) 동종업종 대비 회전율이 낮다. 다만, 매출 대부분이 농협은행을 통해 이루어지고 3년간 변동이 크지 않아 괜찮음
재고자산 회전율	〈3년간 추이 리스크 체크〉 3년간 회전율이 조금 감소(4.24 → 3.45 → 3.41) 남해화학(9.7회), 경농(1.8회), 조비(2.3회) 경농, 조비 대비 재고자산회전율이 좋음

네이버금융 효성오앤비 5년간 매출채권회전율, 재고자산회전율 화면

종목분석–투자지표–투자분석(활동성)에서 5년간 매출채권회전율, 재고자산회전율을 확인할 수 있다.

10. PBR을 확인하다

네이버에 계산된 2018년 3월 6일 주가 1만 원 기준 PBR은 약 1.4배였다. PBR이 1배 이상인 게 조금 아쉽기는 했으나, 투자를 망설일 정도로 높은 수준은 아니었다.

11. 내 생각을 해본다

스토리텔링을 해보았다. 일단, 배당 측면에서는 투자 메리트가 충분했다. 3.5% 시가배당률에 배당까지는 4개월이 남았다. PER 10배 수준으로 고평가가 아니고 주가도 자사주 매수가격보다 낮으므로 바로 매수하면 되겠다. 매도시점은 확실한 디데이가 있으니 배당, 장마 테마 학습 효과를 감안할 때 바로 6월이었고 목표수익률은 20%로 하자.

1안은 20% 목표 수익률 달성 시 바로 매도다. 2안은 장마 이슈로 반짝 급등시점에 매도하는 것으로 장마 시작 첫날 오전 9시 30분 이내 매도한다. 3안은 장마 전 남북경협 등으로 지속적 테마가 될 수 있다면 계속 중립$_{Hold}$, 하루 이틀로 끝나면 당일 매도다. 테마가 될 경우 매도 기준은 오전장 주가와 거래량을 보고 거래량이 크지 않으면 중립, 거래량이 터지면 매도다.

4안은 혹시 모를 무상증자가 있다면 무상증자를 받는다. 공짜 주식이 생기면 배당도 더 받으므로 무조건 무상증자까지 버틴다. 5안은 최초 매수가격 대비 15% 손해 시마다 (-15%, -30%, -45%) 최대 3회 추가매수다.

단계	분석 내용			
나의 생각	〈매수 이유〉 1. 3.5% 높은 시가배당률과 배당까지 4개월 남음 2. 6월 장마 테마 이슈 학습 효과 3. 문재인 정부 비료주 남북경협 테마 가능성 4. 당좌비율과 유보율이 높아 무상증자 가능성 5. 10% 수준의 낮은 부채비율 6. 심리적 지지선 1만 원 붕괴 7. 자사주 매수가격(10,211원)보다 낮은 주가 〈보류 이유〉 1. 전년 대비 매출액 감소 2. 동종업종 대비 낮은 매출채권회전율			
	매수희망가	매수희망일	매도희망가	매도희망일
	1만 원	분석 익일	1만 2,000원	2018년 6월 중

이상의 분석 단계를 모두 합쳐 보면 다음 페이지의 표와 같아진다. 처음엔 단계별로 하나하나 분석하는 것이 번거롭고 시간도 들겠지만 한 번, 두번 해볼수록 생각의 체계가 잡혀서 떠도는 정보만 믿고 매수를 결심하던때보다 오히려 빠르고 합리적으로 투자 계획을 세우게 될 것이다.

샌드타이거샤크의 종목선정 분석표

(종목명 : 효성오앤비   일시 : 2018. 3. 6)

단계	분석 내용			
당기 순이익	3년 전	2년 전	1년 전	예측(E)
	69억 원	51억 원	53억 원	–
	4분기 전	3분기 전	2분기 전	1분기 전	예측(E)
	26억 원	22억 원	△4억 원	8억 원	–
	〈매출액, 영업이익 추이 리스크 체크〉 3년간 매출액 점진적 감소추세(408 → 404 → 344억 원) 영업이익 3년 대비 하락(69 → 51 → 53억 원)				

시가총액	발행주식 수	교부 예상 주식 수	현재 주가
	580만 주	없음	1만 원
	〈시가총액: 주식 수(주식관련사채 교부 예상 주식 수 포함)×현재 주가〉 시가총액 580억 원(580만 주×1만 원=580억 원)		

미래 PER	〈시가총액 / 예측 (E) 연간 당기순이익〉 580억 원/53억 원 = 10.9배 – 뉴스에 미래 예측치가 없어 1년 전 당기순이익 활용

재무비율	3년 전	2년 전	1년 전	1분기 전
부채비율	25.6	19.2	9.3	10.8
당좌비율	212	282	578	402
유보율	1,836	1,916	2,103	2,049

공시	〈호재 공시〉 자사주 매입 총 42만 주, 매입가격 10,211원 3년 연속 현금 배당 결정 (250원 → 200원 → 350원)
	〈악재 공시: 유상증자, 주식관련사채 발행, 불성실공시 법인 지정, 무상감자, 관리종목 지정 등〉 특이사항 없음

첫째 날 종목 고르는 비법을 공부하자

단계	분석 내용			
뉴스	〈호재 뉴스〉 친환경농업 육성 5개년 계획으로 인증면적 확대 예상			
	〈악재 뉴스〉 친환경 농산물 인증 기준 강화에 따른 친환경 인증면적 감소 → 주력제품인 유기질 비료 사용 감소			
시가 배당률	3년 전 배당	2년 전 배당	1년 전 배당	예측(E) 배당
	250원	200원	350원	–
	〈시가배당률 : 예측(E) 배당/현재 주가〉 3.5% 시가배당률은 매력적인 투자 포인트 (350원/1만 원)×100 = 3.5% – 실적 예측치가 없는 관계로 1년 전 배당을 적용			
지분율	〈최대주주 및 5% 이상 지분율 및 추이 리스크 체크〉 최대주주 지분 46.8%로 안정적 경영권 유지 가능 5% 이상 보유자였던 자산운용사(라자드자산운용, 미래에셋자산운용 등) 지분율 감소			
	〈기관, 외국인 지분율 특이사항 체크〉 지난 3개월간 기관, 외국인의 유의미한 매수, 매도 동향은 없음 외국인 지분 약 2% 수준			
매출채권 회전율	〈3년간 추이 리스크 체크〉 3년간 회전율에 큰 변동은 없음(2.87 → 3.21 → 3.01) 남해화학(12.7회), 경농(9회), 조비(5.6회) 동종업종 대비 회전율이 낮다. 다만, 매출 대부분이 농협은행을 통해 이루어지고 3년간 변동이 크지 않아 괜찮음			

단계	분석 내용
재고자산 회전율	〈3년간 추이 리스크 체크〉 3년간 회전율이 조금 감소(4.24 → 3.45 → 3.41) 남해화학(9.7회), 경농(1.8회), 조비(2.3회) 경농, 조비 대비 재고자산회전율이 좋음
PBR	1.4배
나의 생각	〈매수 이유〉 1. 3.5% 높은 시가배당률과 배당까지 4개월 남음 2. 6월 장마 테마 이슈 학습 효과 3. 문재인 정부 남북경협주 테마 가능성 4. 당좌비율과 유보율이 높아 무상증자 가능성 5. 10% 수준의 낮은 부채비율 6. 심리적 지지선 1만 원 붕괴 7. 자사주 매수가격(10,211원)보다 낮은 주가 〈보류 이유〉 1. 전년 대비 매출액 감소 2. 동종업종 대비 낮은 매출채권회전율

매수희망가	매수희망일	매도희망가	매도희망일
1만 원	분석 익일	1만 2,000원	2018년 6월 중

초보 투자자
기초 지식 쌓기

첫째 날

둘째 날

셋째 날

넷째 날

다섯째 날

부록
돈 버는 부자 습관

주식으로 번 돈
부동산으로 지키자

재테크는 편식하면 안 된다

부자가 되기 위해서는 주식과 부동산 모두에 관심을 가져야 한다. 대한민국이란 작은 땅에 사는 이상, 부동산은 재테크 우선순위다. 주식 수익금이 일정액 이상 모이면 부동산을 통해 지키는 투자를 하자. 투자금이 연봉 또는 1억 원 이상이 되면 수익금은 주식 재투자 대신 부동산 투자 재원으로 저축하자. 일단 배당주 펀드 등 안전성과 수익성을 겸비한 펀드에 차곡차곡 수익금을 모아두었다가 부동산 투자를 하자.

　전 세계 부동산 트렌드는 양극화다. 이에 맞춰 모두가 소유하고 싶은 소위, 되는 부동산에 관심을 두자. 예를 들면 모두가 살고 싶은 강남, 직장 근처 그리고 1인 가구 증가에 따른 소형 아파트가 좋은 예다.

부동산 중 피해야 할 투자 종목군에 대해 알아보자

노하우가 부족한 초보 투자자가 가급적 피해야 할 부동산에 대해 알아보자.

첫째, 신도시 상가 투자는 주의하자. 신규 지하철 개통으로 역세권 상가가 발전할 걸로 기대하지만 강남권 등과 가깝다면 새로 생긴 지하철을 타고 서울로 쇼핑을 하러 간다. 신도시 상가지대가 온전히 형성 안 될 수 있다. 아파트는 전세라도 줄 수 있으나, 상가는 잘못하면 공실 위험이 높다. 은퇴하고 상가에서 월세나 받겠다고 쉽게 생각하는 초보 투자자라면 상가는 아파트보다 더 많은 공부가 선행되어야 함을 잊지 말자.

둘째, 민간 분양시장에서 수익률 확정 보장이란 말에 현혹되지 말자. 정부와 계약이라면 모를까 민간인끼리의 거래에서 확정해줄 수 있는 건 아무것도 없다. 만약 개발사가 부도나거나 자금 사정이 여의치 않을 경우 의무이행이 안 될 수 있다.

셋째, 지역주택조합 아파트다. 지역주택조합 아파트는 주택법에 따라 6개월 이상 일정 지역에 거주한 무주택자나 소형 주택(전용면적 85제곱미터 이하) 소유주들이 공동으로 짓는 주택이다. 지역주택조합은 청약통장이 필요 없고 저렴한 분양가, 좋은 동호수 배정을 내세워 투자자를 모집하고 있다. 지역주택조합 아파트를 짓기 위해서는 토지를 확보해야 하는데 실제로 조합원 모집 단계에서 완전하게 확보되지 않은 경우가 많이 있다. 토지 확보가 어려워 아파트 건설이 늦어질 수 있다. 그럴 경우 추가 분담금이 발생한다. 조합원 가입 이후 탈퇴가 어렵거나, 탈퇴한다 해도 기존 납입한

첫째 날

둘째 날

셋째 날

넷째 날

다섯째 날

부록 돈 버는 부자 습관

137

돈을 돌려받기도 쉽지 않을 수 있다.

부동산 사이클 중 활황 장세에 대해 알아보자

부동산도 사이클이 중요하다. 주식과 마찬가지로 내가 사는 시점이 고점이고 파는 시점이 저점일 수도 있기 때문이다. 그런데 주식과는 달리 사이클이 장기이다 보니 투자 시점 잡기가 더 어렵다. 일단, 부동산 사이클 중 활황 장세에 대해 알아보자.

첫째, 경매 낙찰률이 높아진다면 부동산이 활황이다. 주식시장 공모가 높아지는 것과 비슷하다.

둘째, 은행 금리와 부동산은 역의 관계다. 은행 금리가 내린다면 부동산은 활황이다. 낮은 이자 덕분에 무턱대고 집을 사는 무모함이 통한다. 그래서 갭 투자가 성행했다.

셋째, 미분양 물량이 적어진다면 부동산 시장이 활황이다. 이는 집을 사려는 사람들이 많아졌다는 의미다.

넷째, 주식시장이 강세장이면 부동산도 활황이다. 주식과 펀드 수익이 부동산으로 이동할 수 있기 때문이다.

다섯째, 부동산 규제를 완화하면 부동산이 활황이다. 다만 주식과 달리 규제 완화 이후 활황까지는 시간이 걸린다. 그래서 지난 정권에서 만들어 놓은 각종 규제 완화 정책이 새 정부에 짐이 되기도 한다.

부동산 고수는 이런 부동산에 집중한다

초보자들이 관심 가져야 할 부동산에 대해 알아보자.

첫째, 직주근접(직장 주변 근처) 소형 아파트다. 서울 기준 직장 밀집지는 마곡, 여의도, 광화문, 강남이다. 결혼과 출산율 감소로 인구는 감소하나 1~2인 가구는 증가한다. 1~2인 가구 증가로 대형 주택 수요는 감소하겠지만, 소형 주택 수요는 증가할 것이다. 1~2인 가구 증가는 워라밸Work and Life Balance(일과 가정의 양립) 욕구를 강하게 한다. 워라밸 영향으로 퇴근 이후 시간 활용을 위해 출퇴근 거리를 줄인다. 직주근접 소형 주택이 각광받게 되는 이유다.

둘째, 지하철역 등과 근접해야 하며 환승역이면 더욱 좋다. 노선이 3개 이상 만나는 환승역 역세권 아파트는 안전한 투자처가 될 것이다. 도심 개발 계획이 사람이 모일 수밖에 없는 환승역으로 집중된다.

셋째, 초등학교 이상 자녀가 있다면 교육 여건도 중요하다. 오바마 전 미국 대통령이 우리 교육 열풍을 부러워했듯, 대한민국은 교육 공화국이다. 자녀가 어릴 때는 학군에 무관심하지만 유치원 입학을 앞두고부터는 학군 선호도가 높아진다.

넷째, 재건축 규제가 강화되고 있긴 하나 용적률(대지면적 대비 건축물 바닥면적 총합계 비율)이 낮고, 대지지분율(대지면적을 가구 수로 나눈 비율)이 높은 서울 목동·잠실 등 재건축 아파트도 장기적인 스테디셀러다. 재건축 초과이익환수제 등 세금은 남는 게 있으니까 내는 거다. 우리는 이 책에서

초보 투자자
기초 지식 쌓기

첫째 날

둘째 날

셋째 날

넷째 날

다섯째 날

부록
돈 버는 부자 습관

우량회사에 투자하자 했다. 용적률이 낮고 대지지분율이 높은 재건축 아파트가 바로 그런 케이스다.

부동산 규제는 경기침체와 역의 관계다. 진보 정권이더라도 경기침체에

2030 서울 플랜 중심지 광역 교통망 체계

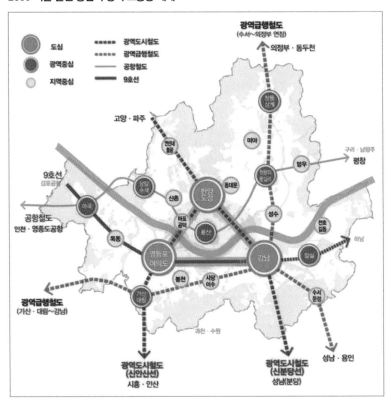

서울시에서 발표한 2030 서울 플랜은 서울도시계획의 미래다. 서울을 3도심, 7광역중심, 12지역중심으로 계발할 계획이다.

출처: 서울시청

는 장사 없다. 가장 손쉬운 경기부양법은 건설이다. 아파트를 지어야 건축자재부터 전자제품 등 많은 것들을 소비한다. 고령화 저성장에 직면한 일본이 도심재생을 끊임없이 하는 이유다. 재건축 아파트 소유자도 투표권자다. 대통령 선거, 국회의원 선거, 지방 선거 등에 부동산 정책을 외면하긴 힘들다. 지난 서울 지역 선거만 봐도 재건축이 중요 공약 이슈였다. 용적률과 대지면적 메리트가 높은 노후한 아파트도 믿고 기다리면 때가 온다.

초보 투자자
기초 지식 쌓기

첫째 날

둘째 날

셋째 날

넷째 날

다섯째 날

부록
돈 버는 부자 습관

주식 매매 원칙을 공부하자

기존 매매 원칙을 거부한다

초보 투자자 기초 지식 쌓기

첫째 날

둘째 날

셋째 날

넷째 날

다섯째 날

부록 돈 버는 투자 습관

이제까지 옳다고 생각한 것이 정답이 아닐 수 있다

'큰 손해를 보지 않으려면 손절매 선을 반드시 지켜라.' 그동안 증권 방송과 증권 서적에서 수없이 강조해온 투자 원칙이다. 이 원칙을 과 감히 거부한다.

모두가 그동안 굳게 믿어 왔다고 꼭 정답일 리 없다. 손절매 선을 지키는 것보다 끝까지 물고 늘어져 이기고 마는 샌드타이거샤크가 더 좋다. 그래서 10번 싸워 10번 이기는 나만의 투자 원칙을 제시하 고자 한다.

기존 가치투자 방법을 거부한다

그동안 가치투자 방법은 저PBR을 기준으로 강조되어 왔다. 자산 대비 주가가 저평가이니 언젠가는 자산가치만큼 주가가 평가받을 것이라는 믿음에 오랜 시간 버티며 기다린다. 저PBR 투자법도 보유자산 덕분에 약세장에 강하고 크게 잃지 않을 수 있다. 우량기업이기에 분할매수도 가능하다. 다만, 주가 탄력도가 떨어진다. 독자 여러분들은 적어도 분기에 한 번 정도는 거래하고 수익 내고 싶은 욕망이 있다. 그 욕망을 채워 주고자 한다. 가치투자법 저평가 기준을 PBR 대신 실적과 배당을 근간으로 계산한 미래 PER, 시가배당률로 판단한다. 실적에 기반하다 보니 주가 탄력도가 높다. 잘만 하면 분기당 10% 수익도 가능하니 지루함이 덜하다.

금수저가 되려면 평범함을 박차고 나와야 한다

은퇴는 빨리 다가오고 인생 100세 시대 생각보다 수명이 길다. 물려받은 재산도 없고 벌이도 신통치 않아 노후준비는 언감생심이다. 기존 판을 크게 흔들어야만 부자가 된다. 평범한 생각으로는 기존 판을 흔들 수 없다. 그동안 증권 서적에서 수없이 강조해온 기술적 분석에 대한 판을 흔들어보려 한다. 기술적 분석은 몰라도 괜찮다고 감히 말하려 한다.

초보 투자자
기초 지식 쌓기

첫째 날

둘째 날

셋째 날

넷째 날

다섯째 날

부록
돈 버는 부자 습관

안전함은 여러 겹으로 강화하고 과욕은 내려놓는다

이 책의 모토는 '안전한 투자'다. 이에 맞게 안전그물을 촘촘히 여러 겹 장착했다. 실적과 배당에 기반한 투자 분석과 하루 이상의 고민을 권하고 있다. 최대 1년 연봉 수준 이내로만 3종목까지 분할매수 하라 한다. 외국인 및 기관과 동행하기, 배당주 투자 등 보수적 방법을 제 시한다. 과한 욕심을 내려놓기 위한 분할매도 방법도 권한다.

주식투자도 행복해지자고 하는 거다. 행복해지자는 건데 스트레스 받고 조바심 느낄 필요 없다. 실적과 배당기반 가치투자로 월 3일 이내 투자, 평소 시세판을 보지 않아도 되는 투자 습관을 권한다. 특히, 수익 난 날에는 시세판을 꺼두고 성취감과 행복감을 만끽하길 바란다.

원칙 없는 투자는 수익도 원칙 없다

투자에 원칙이 없는데 투자할 때마다 수익이 날 리 만무하다. 묻고 싶 다. 들쑥날쑥 수익률에 언제 부자 될 거냐고. 초보 투자자라면 이 장 에서 제시한 매매 원칙을 믿고 실천해보길 바란다.

10가지
주식 매매 원칙

둘째 날. 주식 매매 원칙을 공부하자

[1원칙] **손절매란 없다**	손절매를 습관화하면 내 생각이 없어진다. 손절매하지 않는 오직 승리하는 장수가 되어보자. 발상의 전환, 손절매가 없으니 손해구간은 투자 기회다.
[2원칙] **실적, 배당 기반** **저평가 회사에 집중하자**	미래 PER, 시가배당률이 중요하다. PBR보다는 실적과 배당에 기반을 두고 저평가 회사를 찾는 가치투자에 집중하자.
[3원칙] **기술적 분석은** **몰라도 괜찮다**	온종일 시세판에 매달리는 피곤한 삶을 원치 않는다면 기술적 분석은 몰라도 된다. 다만 거래량, 캔들, 이동평균선, 지지선, 저항선 개념만은 알아두자.

[4원칙] 충동구매는 사절한다	10번 싸워 10번 이기기 위해 분석은 필수다. 이성적 분석 후 감성적 욕망이 꿈틀대면 공격 개시다.
[5원칙] 한 달에 3일 이내로만 투자하자	시세 확인과 잦은 매매를 지양하는 느림보 투자자가 되자. 과열된 머리는 쉬어야 한다. 쉬는 것도 투자다.
[6원칙] 3종목 이내로만 투자한다	계란을 한 바구니에 담으면 복잡해진다. 복합함이 실패를 부르니 3종목 이내로 심플하게 투자하자. 한번 매수한 종목은 잠시 헤어짐은 있어도 평생 동반자다.
[7원칙] 최대 투자 규모는 연봉을 넘지 않는다	초보 투자자는 전문가가 되기 전까지 과하게 투자금을 늘려선 안 된다. 스노볼 복리 마법이라면 적은 돈도 금방 부자로 만드니 조급해하지 말자.
[8원칙] 항상 분할매수, 분할매도한다	몰빵 투자는 리스크가 크다. 총 매수희망수량에 30~50% 이내 최초 매수하고 손실 시에만 추가매수한다. 매도 확신이 없다면 분할매도가 답이다.
[9원칙] 외국인, 기관투자자는 투자의 동행자라고 여기자	외국인, 기관투자자는 내부통제도 철저하고 기업 가치에 기반한 투자를 한다. 외국인, 기관투자자 출현은 시장의 관심을 불러일으키므로 이들이 동시에 대량 순매수하는 종목에 관심 두자.
[10원칙] 수익 난 날은 시세판을 끄자	승리감에 평정심을 잃고 충동 투자를 하기보단 수익 난 날만은 긴장의 끈을 풀고 행복감을 만끽하자.

초보 투자자!
기초 지식 쌓기

첫째 날

둘째 날

셋째 날

넷째 날

다섯째 날

부록
돈 버는 투자 습관

손절매란
없다

> 1. 주식시장은 전쟁터다. 오직 승리하는 장수가 되자.
> 2. 손절매가 습관화되면 내 생각이 없어져 나만의 필살기를 만들 수 없다.
> 3. 패하지 않을 저평가 우량종목만 투자하자.
> 4. 손절매하지 않으니 손해는 오히려 투자 기회다.

손절매할 바에는 정기적금을 드는 게 낫다

주식 방송을 보면 일부 전문가들은 목표가와 손절가를 알려 주고 손
절매를 하라고 한다. 손절매할 거면 굳이 위험을 무릅쓰고 주식을 할
이유가 없다. 그럴 바엔 물가상승률(3%)보다 못한 1%대 정기적금이

원금 이상 수익이니 좋다.

　주식시장 전쟁터에선 오직 승리하는 장수가 되어야 한다. 그런데 조그만 손해에도 바로 물러나는 패장이 되란다. 매번 패전만 하면 결코 역사에 남는 영웅이 될 수 없다.

뇌의 구분

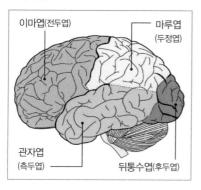

이마엽(전두엽)

마루엽
(두정엽)

관자엽
(측두엽)

뒤통수엽(후두엽)

손절매를 습관화하면 매수가 쉽다. 투자를 시작할 때부터 손절매에 익숙해지면 기계적인 잦은 매매뿐, 전두엽(전략분석과 판단을 하는 머리 앞부분)을 활용한 나만의 깊은 생각은 쌓이지 않는다.

　평범하면 살아남기 힘들다. 10년 투자 경력이면 나만의 필살기가 있어야 한다. 손절매는 빨리 꽁무니를 빼는 기술일 뿐, 필살기가 아니다. 투자 내공은 오랜 수련 끝에 단련된 전두엽으로부터 나온다는 것을 명심하자.

손절매하지 않기 위해 처음부터 이기는 싸움만 하자

손절매할 바엔 처음부터 패하지 않을 종목을 잘 고르면 된다. 저평가된 우량회사를 매수한 다음, 진득하게 기다려 수익을 내면 된다. 저평가 기준은 향후 실적에 기반한 미래 PER과 시가배당률이다.

초보 투자자의
기초 지식 쌓기

첫째 날

둘째 날

셋째 날

넷째 날

다섯째 날

부록
돈 버는 투자 습관

소액 투자라도 투자액은 크고 손절매는 못 한다고 자기 최면을 걸자. 손절매를 믿고 대충하자는 생각만 없어져도 반은 성공한 것이다. 홍백만은 -45%, -30%, +90% 수익률을, 홍억만은 3번 연속 5% 수익률을 냈다 치자. 우리는 홍억만처럼 매번 수익률은 높지 않아도 꾸준한 수익을 내는 투자를 해야 한다.

손해를 추가매수 투자 기회로 삼는 역발상이 가능하다

손절매를 하지 않으니 손해에 대한 생각도 바뀐다. 주가가 내리면 추가매수 기회라 좋다. 저평가 회사라면 주가 하락은 투자 기회다.

추가로 매수해도 계속 손실일 수 있다. 시장 상황이 안 좋아 지독하게 안 오르는 참 난감한 상황이다. 손절매하고 싶은 생각이 굴뚝 같겠지만 다른 종목에서 수익 난다는 보장도 없다. 옮겨서 손해 볼 바엔 이길 때까지 버티는 것도 방법이다.

2000년 이후 9·11테러, 이라크 전쟁, 미국 투자은행인 리먼 브러더스 파산사태, 미국 신용등급 하락, 코로나19 등으로 주가 하락 패닉을 경험했다. 우량회사를 불문하고 모든 종목이 폭락했다. 하지만 과거를 보면 1~2년 내 시장은 다시 정상으로 돌아왔다. 명심하자. 못 견디고 손절매하면 그때부터 오른다.

기업가치가 흔들린다면 미련을 버리자

믿었던 회사가 나를 배반하는 경우가 있다. 더 이상 추가 분할매수는 어렵다. 눈물을 머금고 손절매할 수도 있다. 그런 경우는 첫째, 당기순이익이 큰 폭으로 적자 전환되는 경우다. 일시적인 경우라면 상관없지만, 지속해서 큰 폭 적자 누적이라면 주가 상승은 어렵다.

둘째, CEO의 횡령, 분식회계(회계 조작) 등의 발생이다. 이는 믿을 수 없는 최악의 상황이다. 이 밖에도 유상증자, 주식관련사채 발행 회사도 신뢰도에 금이 간다. 그래서 3~5년간 유상증자, 주식관련사채 발행 여부와 당기순이익, 부채비율, 당좌비율 등을 미리 체크하자는 것이다.

주식시장에서 살아남고 싶다면 손절매와 과감히 절교하자. 오늘 이겨야만 다음 전쟁에서 또 이길 수 있다.

초보 투자자
기초 지식 쌓기

첫째 날

둘째 날

셋째 날

넷째 날

다섯째 날

부록
돈 버는 투자 습관

실적, 배당 기반
저평가 회사에 집중하자

1. 미래 기대가치 신기루가 주가 버블을 만든다. 쏠림 현상도 원인이다.
2. 고평가 회사는 기업가치 대비 저점 확인이 어려워 추가매수가 어렵다.
3. 실적과 배당에 기반해 저평가 회사를 찾는 가치투자를 하자.
4. 기술적 분석에 자신이 없는 초보 투자자일수록 배당 투자에 중점을 두자.

미래 기대가치가 PER 100배 버블을 만든다

최근 바이오 회사 주가 상승세가 무섭다. 세상을 다 가질 듯한 기세로 시가총액 1조가 흔하고 PER 100배도 우습다. 주가는 미래 수익을 선

반영한다. 바이오 회사 PER 100배도 신약 개발이란 대박 꿈이 만들어낸 것이다.

풍선효과도 주가 버블에 한몫했다. 풍선효과는 풍선의 한쪽을 누르면 다른 쪽이 부풀어 오르는 쏠림 현상이다. 한편에선 버블 경고 메시지도 나온다. 고평가를 걱정하는 증권사 리포트도 나오고 바이오, 제약사 연구개발비용 자산처리에 대한 금감원 측 회계감리도 있었다.

저평가 판단 기준은 실적과 배당이다

미래 PER이 높은 고평가 회사는 투자 대상이 아니다. 손해에도 분할 매수가 쉽지 않다. PER 100배가 50배 되었다고 저평가 된 게 아니다. 저평가 판단기준은 1) 미래 당기순이익과 시가총액을 비교하는 미래 PER과 2) 현 주가와 배당을 비교하는 시가배당률이다. 전통적인 가치투자법 판단기준인 PBR은 참고사항일 뿐이다. PBR 가치투자법 대비 실적과 배당 기준 장점은 기다림이 짧다는 점이다.

실적과 배당 기준 저평가라면 장기투자 원칙의 외국인, 기관투자자가 대량 매수하기에 점진적 주가 상승으로 이어진다. 과거에 의존하고 실적과 시가총액, 재무지표를 외면하는 기술적 분석도 저평가 판단기준이 아니다. 기술적 분석은 기업가치와 무관한 과거 기반 그래프 중심이기에 적자기업도 투자 가능하다. 기술적 분석 대비 실적과 배당 기준 장점은 망하거나 유상증자, 주식관련사채 발행, 무상감자 등 주주가치를 훼손하는 회사에 투자할 확률이 낮다는 점이다.

첫째 날
둘째 날
셋째 날
넷째 날
다섯째 날
부록
돈 버는 투자 습관
초보 투자자
기초 지식 쌓기

손실에 대처하는 자세도 달라진다. 마음 편하게 분할매수가 가능하다. 기술적 분석은 잘못 투자하면 큰 손해를 보고 회사 가치를 모르기에 추가매수와 장기투자도 두렵다. 절대 잊어서는 안 되는 원칙이 실적과 배당 투자임을 다시 한번 강조한다.

누차 강조하지만 최선의 투자법은 1) 실적개선으로 미래 PER이 낮고 시가배당률이 높은 저평가된 회사를 찾아 총매수 희망 수량에 30~50%만 투자한다. 2) 일정 비율(-10%, -20% 등) 손해 시만 추가매수해 매수단가를 낮추고, 3) 손절매 없이 수익을 기다린다. 어부가 좋은 포인트에 그물을 드리워놓고 물고기를 기다리듯 말이다.

실적과 배당 기준 저평가된 회사들은 바이오 대비 화끈함은 없지만 오래지 않아 주가가 상승한다. 실적과 배당 기반 투자는 외국인과 기관투자자가 선호하는 투자법이다. 미동도 없던 주가가 실적개선 발표와 함께 외국인, 기관투자자 매수로 크게 상승한다.

주식투자를 할 때 꼭 버려야 할 것이 과한 욕심이다. 과욕에 눈이 멀면 정상적인 가치투자는 안중에도 없다. 욕심을 조금만 내버리면 안정적 수익이 난다.

초보 투자자일수록 배당에 중점을 두자

주식에 문외한인 초보 투자자일수록, 안정적 투자를 원할수록, 기술적 분석에 자신이 없을수록 시장에 특별한 이슈나 주도적 모멘텀이 부족할수록 배당에 중점을 두자. 연말 배당 시즌이 되면 주가도 오르

초보 투자자
기초 지식 쌓기

첫째 날

둘째 날

셋째 날

넷째 날

다섯째 날

부록
돈 버는 투자 습관

고 배당도 받는 꿩 먹고 알 먹는 마음 편한 투자다. 혹여 주식투자로 손실 중이더라도 배당금이 몇 년간 쌓이면 손해를 만회할 수 있는 요술도 부린다.

우리도 선진국처럼 배당에 호의적인 문화로 바뀌고 있다. 스튜어드십코드Stewardship Code는 연기금, 자산운용사 등 기관투자자가 주인 재산을 관리하는 집사Steward처럼 국민과 고객 이익 극대화를 위해 자사주 매입과 배당 확대 요구 등 주주로서 적극적인 역할을 하는 것을 말한다. 국민연금의 스튜어드십코드 도입 선언으로 기관투자자들의 적극적인 배당 확대 요구가 늘 것으로 보인다.

배당주 펀드에 대한 관심도 높아지고 가입률도 좋다. 배당주 펀드에 들어온 투자금은 고배당 종목 투자로 이어진다. 지난 몇 년간 고배당주와 배당주 펀드 수익률이 꾸준하게 높았다. 펀드 투자를 생각하는 초보 투자자라면 배당주 펀드 가입도 마음 편한 방법이다. 혹여 손실이 나도 매년 배당이 펀드 손실을 만회해준다.

배당주는 투자 시점을 잘 잡아야 한다

12월 결산법인이 많다 보니 배당주는 연초보다 연말에 주가 흐름이 좋다. 매력적인 시가배당률 종목을 연초 매수한 후 연말까지 보유하는 전략이 필요하다. 최근에는 배당주 펀드 활성화로 연말에 펀드가 배당주 주가를 끌어올린다. 3월(신영증권, 기산전기 등), 6월(양지사, 코리아에셋투자증권 등), 9월(방림, 금비 등) 결산법인도 있고, 중간배당

(1년 2회 배당), 분기배당(1년 4회 배당) 기업도 있다. 분기배당주로는 삼성전자, 쌍용양회, 코웨이, 씨엠에스에듀, POSCO, 미원상사, 효성 ITX, 한온시스템 등이 있다. 따라서 3월, 6월, 9월, 12월 등 배당 시기를 잘 맞춰 투자한다면 연간 3~4차례 배당금을 받을 수 있다.

다만, 대주주 양도소득세 강화에 따라 연말 세금 회피를 위한 중소형주 매도세 증가 우려가 있다. 상장주식 대주주 요건은 1) 지분율 기준으로 유가증권시장은 발행주식의 1%, 코스닥 시장은 2%다. 2) 금액 기준으로는 10억 원이다. 대주주 요건으로 인해 연말로 다가갈수록 매도현상이 심해진다.

12월 들어서 특별한 악재가 없음에도 중소형주 주가 급락이면 세금 회피를 위한 매도일 수 있다. 매도세가 잠잠해지는 1월 반등을 예상해 12월을 매수 기회로 삼는 역발상 투자도 가능하다. 네이버, 다음 등 포털사이트 메인 화면에서 '배당주'로 검색하면 시가배당률이 높은 고배당주를 쉽게 찾을 수 있다.

배당에도 세금을 낸다

이자, 배당 등을 합한 금융소득 2,000만 원까지는 15.4%(소득세 14%+지방소득세 1.4%)를 단일과세한다. 2,000만 원 초과 시에는 금융소득 종합과세한다. 근로소득, 사업소득 등 다른 종합 소득과 2,000만 원 초과 금융소득을 합산해 누진세율인 종합소득세율(소득세의 10%를 지방소득세로 추가 과세)을 적용한다.

예를 들어 과세표준 5,000만 원인 근로자에게 금융소득 3,000만 원이 발생하면 금융소득 2,000만 원은 15.4%, 금융소득 2,000만 원을 초과한 1,000만 원은 근로소득 과세표준 5,000만 원과 합산해 26.4%(과표구간 6,000만 원, 소득세 24%+지방소득세 2.4%) 과세한다.

초보 투자자
기초 지식 쌓기

첫째 날

둘째 날

셋째 날

넷째 날

다섯째 날

부록
돈 버는 부자 습관

▶ **2021년 기준 종합소득세율**

1,200만 원 이하	6%
1,200만 원 초과~4,600만 원 이하	15%
4,600만 원 초과~8,800만 원 이하	24%
8,800만 원 초과~1억 5,000만 원 이하	35%
1억 5,000만 원 초과~3억 원 이하	38%
3억 원 초과~5억 원 이하	40%
5억 원 초과~10억 원 이하	42%
10억 원 초과	45%

기술적 분석은 몰라도 괜찮다

3원칙

1. 초보자에게 기술적 분석은 바람직하지 않다. 어렵기도 하거니와 온종일 시세판에 매달리는 피곤한 삶을 살아야 한다.
2. 급등과 급락 주식에 거래량은 중요한 분석 도구가 된다.
3. 캔들, 이동평균선, 지지선과 저항선 개념만은 알아두자.

분석 기법에는 기본적 분석과 기술적 분석이 있다

기본적 분석은 재무지표를 중심으로 회사가치에 방점을 둔다. 회사 가계부인 재무제표를 보고 수익이 많은 우량회사를 찾는다. 당기순이익, 시가총액, PER, PBR, 부채비율, 당좌비율, 유보율 등이 중요 판단지표다. 자금 사정, 수익 구조, 성장성 등을 알 수 있다.

기술적 분석은 회사가치를 배제하고 오직 차트(그래프) 중심이다. 캔들, 이동평균선, 거래량, 이격도와 MACD_{Moving Average Convergence and} Divergence(이동평균수렴·확산지수), OBV_{On Balance Volume}(거래량 주가분석법), P&F 차트_{Point&Fitures}(XO 표시법), 스토캐스틱_{Stochastic}(주가수준 백분율 지표) 같은 보조지표들을 사용한다. 양봉(음봉), 적삼병(흑삼병), 정배열(역배열), 골든(데드)크로스 등도 있다.

초보 투자자에게 기술적 분석은 적합하지 않다

기술적 분석은 전문가 영역으로 초보 투자자에게 부적합하다. 그 이유는 아래와 같다. 첫째, 회사 재무 상황을 고려하지 않는다. 상장폐지 우려 회사도 일부 기술적 지표만으로는 투자에 문제없다. 재무 판단을 제외하니 데이트레이딩 등 단기 투자에 적합하고 온종일 시세판에서 떠날 수 없다. 둘째, 기술적 분석은 과거 주가 경험치다. 사주와 같이 과거 경험이 미래에 100% 맞지 않는다. 셋째, 분석할 보조지표가 너무 많고 그 결과도 지표 간 서로 달라 종잡을 수가 없다. 임진왜란 전 선조 앞에서 전쟁대비론과 불가론이 맞선 난감한 상황과 같다. MACD, OBV, P&F 차트, 스토캐스틱 같은 보조지표는 몰라도 상관없다. 중요하다면 이름에 보조가 들어가진 않는다.

이 책에서 중점을 두는 부분도 기본적 분석이다. 차트 분석할 시간에 회사 가계부인 재무제표를 한 번 더 열어보는 거다. 그게 실력 쌓는 정공법이자 느린듯하지만 가장 빠른 지름길이다.

기술적 분석은 핵심 개념만 알아두자

1. 거래량

주식시장에는 소위 세력이란 강한 매수주체가 있다. 세력은 기관, 외국인, 슈퍼개미일 수도 있고 작전세력일 수도 있다. 강력한 매수주체가 들어와야 주가가 상승 탄력을 받는다. 반대로 강력한 매수주체가 빠져나가면 주가는 힘없이 내려간다.

강력한 매수주체 움직임을 알면 투자가 한결 쉬워진다. 이러한 움직임은 거래량에서 숨김없이 포착된다. 급등주의 경우 강력한 매수주체가 나갈 때까지 같이 버텨주면 되고 급락한 주식도 강력한 매수주체가 들어오면 바로 동참하면 되니 참 쉽다.

점진적 주가 하락은 투자 관심을 줄여 거래량 감소를 동반한다. 횡보(주가 정체)나 주가 하락 시에 거래량 증가는 가뭄에 단비처럼 기쁘다. 음식점도 사람이 북적여야 손님이 몰리듯 주식도 마찬가지다. 연예인에게 가장 힘든 게 안티 댓글보다 무관심이라 하지 않는가. 거래량 증가는 투자 관심을 높여 주가 상승에 도움이 된다.

급등(급락) 주식 거래량은 큰 의미가 있다. 급등주 매도 적기는 거래량이 기존 대비 폭발적으로 늘어난 날이다. 보통 오전 10시, 늦어도 11시까지 거래량으로 매도 판단 가능하다. 거래량 폭발이라면 미련 없이 오전에 매도가 바람직하다. 급등주에 있어 특별한 호재 없이 폭

네이버금융 차트 중 거래량 화면

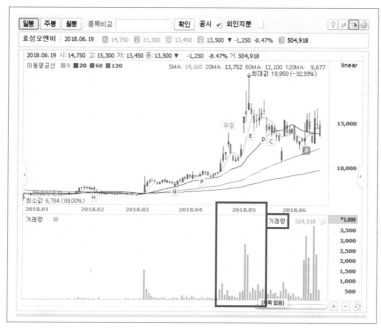

2018년 5월 주가급등 정점에서 거래량이 크게 발생한 이후 주가는 하락 곡선을 그리게 됨을 알 수 있다. 주가급등 정점에서 세력은 빠져나간다. 급등주에 있어 거래량 변화를 점검해야 할 중요한 이유다.

발적인 거래량은 세력이 빠져나가고 있는 시그널이다. 오후부터 급락할 수 있다. 추가 상승은 고위험을 감내한 이들에게 남겨주자. 과한 욕심은 화를 부른다. 무릎에 사서 어깨에 팔라는 증시 격언이 괜히 있는 게 아니다.

급락한 주식에 있어 거래량의 폭발적 증가는 세력의 저점 매집이다. 다만 급락에는 다 이유가 있으므로 상장폐지, 관리종목 지정, 무상감자, 유상증자, CEO 횡령, 실적악화 같은 특별한 악재는 없는지, 매수 전 공시나 뉴스를 점검하자.

2. 캔들

캔들은 양초 모양으로 봉이라고도 한다. 양봉은 시가보다 종가가 더 높은 경우로 붉은색이다. 음봉은 양봉과 반대 경우로 파란색이다. 적삼병은 3일 연속 주가 상승, 흑삼병은 3일 연속 하락이다.

시가가 고가인 경우보다 종가가 고가인 경우가 좋다. 마지막에 힘이 좋아야 다음 날도 기대할 수 있다.

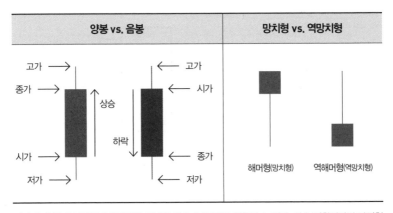

하락 추세 중에 망치형과 역망치형 양봉은 상승 추세 전환 신호일 수 있다. 상승 전환이라면 망치형 양봉이 역망치형 양봉보다 추세 전환 신호가 강하다.

3. 이동평균선

이동평균선은 일별 주가를 평균한 선이다. 5일(1주일), 20일(1개월), 60일(3개월), 120일(6개월) 이동평균선이 있다. 차트에서 캔들 옆 또는 위아래로 길게 늘어진 선들이다. 5, 20, 60, 120 숫자마다 다른 색깔인데 이는 각 선을 구별하기 위함이다.

정배열은 위부터 5일선, 20일선, 60일선, 120일선 순이며, 역배열

네이버금융 차트 중 이동평균선 화면

왼쪽 상단 녹색의 5는 5일 이동평균선, 빨강의 20은 20일 이동평균선 등을 의미한다. 각 이동평균선 간의 높낮이 간격이 과하게 벌어지면 간격을 좁히기 위한 주가 조정이 동반된다.

은 정배열의 역순이다. 골든크로스Golden Cross는 5일선이 20일선, 20일선이 60일선 등을 상향 돌파하는 경우로 주가 강세를, 데드크로스Dead Cross는 주는 반대로 하향 돌파하는 경우로 주가 약세다.

주가급등(급락)에 따라 이동평균선마다 그래프 반영에 차이가 생긴다. 5일선은 1주일, 120일선은 6개월간 주가 평균선이니 5일선이 가장 빠르게, 120일선이 가장 느리게 반영한다. 그 결과 각 이동평균선(줄여서 이평선) 간에 간격이 벌어진다. 급등(락)이 심할수록 이동평균선 간 벌어진 간격(이평선 간 간격) 격차는 더욱 커진다.

급등(급락)주에게 이평선 간 간격은 중요하다. 호재 있는 저평가주라도 심하게 벌어진 이평선 간 간격을 좁힌 다음, 추가 상승한다. 급등주가 한 박자씩 쉬면서 계단식 상승하는 이유다. 이 구간을 눌림목이라 하는데, 매수 포인트다. 호재가 남아 있는 급등주라면 거래량과 함께 이평선 간 간격을 주의 깊게 보자. 주가급등으로 이평선 간 간격이 벌어진 상황에서 거래량까지 터지면 단기 고점이다.

4. 지지선과 저항선

지지선에 지지支持는 하락에 버틴다는 의미다. 저항선은 오름에 저항抵抗하는 주가다. 3번이나 안 내려가면 매수 지지선이, 3번이나 못 올라가면 매도 저항선이 생긴다. 지지선은 호재, 저항선은 악재다. 가위바위보도 삼세번, 재판도 삼세번, 월드컵 축구 예선도 세 경기다. 세상사 3번 검증을 거치면 믿을 만하다는 거다. 삼세번 시그널을 투자화해보자.

5. 횡보 구간

고층 건물일수록 바닥 다지기는 필수다. 주식도 바닥이 잘 눌려야 흔들림이 적다. 횡보는 매수와 매도 간 힘의 균형점이다. 지루할 수 있으나 세력 매수가 끝나면 반등한다.

횡보를 지루해하지 말자. 내가 대신 겪어준 오랜 불행이 누군가에겐 행운이다. 카지노에 가면 오랜 시간 잭폿이 안 터진 기계만을 노리는 이들이 있다. 매집 세력도 조급증에 빠진 투자자들의 주식을 저가 매수하기 위해 지루한 심리 싸움을 하고 있다.

충동구매는
사절한다

초보 투자자 기초 지식 쌓기

첫째 날

둘째 날

셋째 날

넷째 날

다섯째 날

부록 돈 버는 투자 습관

> 1. 10번 싸워 10번 이기는 투자를 위해 분석은 필수다.
> 2. 남에게 매수, 매도 이유를 설득시킬 수 있는 투자를 하자.
> 3. 이성적 분석이 끝나고 감성적 욕망이 꿈틀댄다면 공격 개시다.

최종 목표는 10전 10승이다

투자 분석 없는 투기는 재앙이다. 분석해도 손해 볼 수 있는데 분석 없는 투기는 손실이 상상 이상이다. 투기는 로또다. 10번 로또 복권을 사면 2~3번 요행수로 5등은 된다. 10번 투자해 2~3번 수익 나는 투기를 실력으로 오판하지 말라.

이유 없는 무덤 없다 했다. 죽음에도 다 이유가 있는데, 하물며 살아 있는 주식회사 투자에 이유가 없다는 건 말이 안 된다. 그동안 분석 없이 충동적 투자를 습관화했다면 절대 그러지 말자.

야구는 3할(10번 중 3번 안타)이면 좋은 타자라 한다. 이 책의 가치투자법을 습관화하면 10번 중 최소 8번 이상, 아니 10번 모두 수익을 내는 잃지 않는 10할 타자가 매년 가능하다. 아직 늦지 않았다. 꼭 믿고 실천해서 풍요로운 인생을 즐기자.

이성적 분석이 끝났는데 감성적 욕망이 꿈틀대는가?

10단계 분석을 모두 통과했다면 그 종목은 투자 대상이다. 다만, 다음 날 오전 9시까지 시간이 더 남았다. 밥을 할 때 뜸을 들이듯 상상의 뜸을 더 들이자. 상상은 돈도 안 들고 시간, 장소 제약도 없다.

뜸 들이는 주된 목적은 혹시 모를 실수 확인과 매수에 대한 열망을 파악하는 데 있다. 잠을 못 이룰 정도로 미치게 사고 싶고 꿈에도 매수 욕망이 강렬하다면 투자 실패 확률은 낮다. 전두엽으로 분석해서 냉정하게 선택했는데 사고 싶다는 욕망이 매우 격해진다면 최고다.

한 달에 3일 이내로만 투자하자

초보 투자자 기초 지식 쌓기

첫째 날

둘째 날

셋째 날

넷째 날

다섯째 날

부록 돈 버는 투자 습관

> 1. 행복하려면 시세판을 떠나지 못하는 불나방 투자 습관을 버리자.
> 2. 시세 확인과 잦은 매매를 지양하는 느림보 투자자가 되자.
> 3. 과열된 머리는 쉬어야 한다. 쉬는 것도 투자다.

자신감 없는 불나방 투자법을 바꿔야 한다

오래 살려면 일단 행복해야 한다. 행복은 원만한 대인관계, 건강한 신체, 스트레스 최소화, 직장과 가정에서의 높은 만족감 등에서 나온다. 주식투자에 행복감이 적다면 투자 방법을 바꿔볼 것을 권한다. 주식투자는 경중의 차이가 있을 뿐 스트레스를 받고 심하면 재산 문제 외에 정신건강, 직장과 가정불화 등 다양한 문제를 야기한다. 문제의 근원은 자신감 없는 불나방 투자 때문이다. 믿음이 부족하기에 불안하고 자주 시세판을 봐야만 직성이 풀린다. 혹여 기술적 분석에 바탕을 둔 데이트레이더라면 불안감은 실로 엄청나다. 불나방 투자법을 바꿔야만 문제가 해결된다.

조급함은 금물, 느림보 투자자가 되자

스트레스 없는 느림보 투자자가 돼보자. 첫째, 누누이 강조하지만 시세판을 멀리해야 한다. 점심 시간에는 꼭 동료들과 식사하고 커피 수다를 떨자. 시세판 확인을 절제하기 어렵다면 대안이 필요하다. 화장실 갈 때만 시세판을 열어보자. 그럼 하루 10번을 넘지 않기에 시세판 스트레스가 10회 이내로 제한된다. 아니면 증권사나 포털사이트 시세 알람 서비스를 이용한다. 관심 종목군, 시간, 가격 등을 미리 정해두면 문자 메시지, 스마트폰 알람 등을 통해 알려준다.

둘째, 매매는 가급적 일주일에 1~2회, 한 달에 3일, 최대 5일을 넘기지 않는다. 잦은 매매를 끊기 어렵다면 예약매매를 활용하자. 1개월까지 매매 주문이 남아 있기에 한 달에 한 번만 확인하면 된다. 매매가 되면 자동으로 문자 등 안내도 가능하니 잊고 살기 그만이다. 추가매수 시점은 저평가 정도에 따라 -10%, -20%, -30% 등을 정하면된다. 가령 미래실적 대비 저평가가 심한 PER 5배, 시가배당률 5% 이상이면 공격적으로 10% 단위 손해 시마다 추가매수를 한다. 돈을 버는 것은 행복하기 위해서다. 소소한 행복을 빼앗아 가며 돈만 얻으면 뭐 할 텐가. 주식투자와 나 자신 모두 행복감을 느낄 수 없다면 정기예금에 묻어둬라.

주식투자에도 휴식이 필요하다

쉬는 것도 투자다. 투자해서 손해 보느니 쉬는 게 본전을 지킨다. 과열된 머리는 쉬어야 한다. 내 머리는 슈퍼컴퓨터가 아니며 처리하는 용량도 정해져 있다. 스트레스로 머릿속이 차 있으니 번뜩이는 아이디어도 없고 고수의 병법도 탄생할 리 만무하다.

내 버킷리스트 중 겨울마다 4개월간 태국 치앙마이에서 사는 꿈이 있다. 늦은 아침 카페거리에서 좋은 음악에 커피 한 잔 호사를 누리고 싶다. 오후에는 요가와 타이 마사지로 몸을 풀고 저녁에는 오픈 바에서 머리 위 비행기 소리를 음악 삼아 지나가는 바람과 대화하고 싶다. 물론 치앙마이 가기 전 매수한 주식을 귀국편 공항에서 확인해보는 가슴 두근거림도 포함이다.

초보 투자자 기초 지식 쌓기

첫째 날

둘째 날

셋째 날

넷째 날

다섯째 날

부록 돈 버는 투자 습관

3종목 이내로만 투자한다

1. 복잡함이 투자 실패를 부른다. 투자 종목은 3개 이내로 심플하게 하자.
2. 한번 매수한 종목은 잠시 헤어짐은 있어도 평생 동반자다.

계란 바구니에 투자 종목을 3개 이내로 담자

관심 대상이 많으면 신경 쓸 게 많다. 아는 건 많은데 제대로 집중할 수 없으니 답답하다. 지금까지 실패가 복잡함에 기인한 것은 아니었는지 생각해보자.

주식투자는 복잡해서는 안 된다. 분석절차도 복잡한데 종목까지 많으면 용량 초과로 중도 포기하기 쉽다. 최대한 핵심에만 집중하자. 축구 천재 리오넬 메시는 결정적 순간에만 최고 집중력으로 나비처럼 날아 벌처럼 슛을 날린다.

증시 격언에 '계란을 한 바구니에 담지 말라' 했다. 그러나 너무 많으면 관리 소홀로 상할 수 있다. 투자 종목은 3개 이내, 관심종목은 최대 20개 이내로 하자. 다만, 계란을 하나만 담진 말자. 계란 하나는 복불복 위험이 높다. 매수종목도 매수 횟수도 무조건 분할이다. 나누면 복이 온다. 전문용어로 포트폴리오 투자를 하자.

복잡할 땐 숫자 3만 기억하자. 베스트 신문 기사 3개, 재무지표 리뷰는 3년간, 월 3일 이내 투자, 투자 종목은 3개 이내, 매수도 손해 볼 때만 분할해서 3회 이내 이렇게 하면 투자 위험은 낮추고 수익률은 쑥쑥 올라간다.

한번 매수한 종목은 잠시 헤어짐은 있어도 평생 동반자다

오래된 친구는 참 좋다. 투자에서도 오래된 친구를 만들자. 수익 낸 주식일수록 또 한 번 기회를 준다. 매수했던 회사는 가장 잘 알았고, 자신감으로 가슴 뛰게 한 최고의 종목이었다. 수익도 안겨줬다. 매수라는 인연을 맺었으면 잠깐 헤어짐은 있어도 평생 인연의 끈을 놓지 말자.

초보 투자자의 기초 지식 쌓기

첫째 날

둘째 날

셋째 날

넷째 날

다섯째 날

부록 돈 버는 부자 습관

최대 투자 규모는 연봉을 넘기지 않는다

1. 초보 투자자는 실력이 늘기 전까지 투자 금액을 과하게 늘려선 안 된다.
2. 스노볼 효과를 무시하면 안 된다. 복리 마법은 금방 부자로 만든다.

투자 고수가 되기 전 투자 금액을 키우는 우를 범하지 말자

자신 있게 투자했어도 자꾸만 불안감이 든다면 투자 금액을 줄여보자. 내 경험으로는 1년 연봉이 넘는 순간 불안감이 엄습했다. 초보 투자자라면 투자 전문가가 되기 전에는 본인의 1년 연봉을 넘지 말자.

큰 금액으로도 잃지 않는 투자를 하려면 충분한 워밍업은 필수다.

가급적 1년 또는 6개월 동안 투자 횟수 대비 성공 확률이 80% 이상인 경우에만 투자 금액을 늘려 보자. 투자 횟수 대비 50% 이하 성공 확률로는 투자 금액을 키우지 말자. 사실, 50% 이하면 분석 없이 홀짝 도박하는 거랑 별반 다르지 않다.

경험이 적은 초보 투자자라면 초기 투자금은 1,000만 원 이하를 권한다. 초보 투자자라면 쓴맛을 보기에 1,000만 원 이상은 위험하다. 부족한 실력에 금액만 키우는 건 아니다.

복리의 마법, 스노볼 효과를 무시하지 말자

스노볼Snowball 효과를 생각하면 투자 원금 1,000만 원은 적지 않다. 스노볼 효과는 작은 눈 뭉치를 굴려 커다란 눈덩이를 만든다는 복리 이론이다.

가령 매월 3회씩 총 99회의 매수를 3년간 하고 원금 1,000만 원과 수익을 모두 한 종목에만 투자한다고 가정하자. 매번 1% 또는 2% 수익을 얻는다면 1%의 경우 2,680만 원, 2%의 경우 7,100만 원이 된다. 매번 수익률이 높지 않아도 꾸준한 수익 덕택에 눈덩이는 엄청 커지게 됨을 기억하자.

스노볼 효과를 극대화하기 위해 본인 연봉까지는 가급적 수익을 재투자하자. 그 이상이 되면 부동산, 배당주 펀드 등 지키는 투자를 권한다. 주식시장을 떠나야 주식투자 수익금도 진정한 내 돈이 된다.

초보 투자자
기초 지식 쌓기

첫째 날

둘째 날

셋째 날

넷째 날

다섯째 날

부록
돈 버는 투자 습관

항상 분할매수, 분할매도한다

1. 과한 욕심이 장밋빛 환상을 일으켜 몰빵 투자를 부추긴다. 몰빵 투자로 인해 시장 급락 찬스에 추가매수 할 여력이 없다.
2. 최초 매수금액은 목표 매수량의 30~50% 이내로 하고 손실 시 추가매수 기회로 삼자.
3. 매도 확신이 없다면 매도도 매수와 동일하게 분할매도다.

과한 욕심이 판단력을 흐려 몰빵 투자를 부른다

고수익이라는 과한 욕심에 눈이 멀어 한 번에 몰빵 하는 투자자가 많다. 몰빵 투자는 투자 금액이 크니 수익도 크다. 반대로 손해도 상당

초보 투자자 기초 지식 쌓기

첫째 날

둘째 날

셋째 날

넷째 날

다섯째 날

부록 돈 버는 투자 습관

하다. 한 번에 쏟아부었으니 추가매수도 어렵다. 처음 연애를 시작할 때 무엇을 해도 즐겁고 재밌다. 그러나 1년만 지나면 슬슬 서로의 단점이 보인다. 어떤 주식은 매수 전에는 장밋빛이었는데, 매수 후에는 자책뿐이다. 고수익의 달콤한 상상이 모든 단점을 가렸기 때문이다.

최초 매수금액은 목표 매수량에 50%를 넘지 말자

인간은 실수의 동물이기에 몰빵 투자는 하면 안 된다. 실수를 만회할 기회를 남겨두어야 한다. 철저한 분석에도 기대감에 취해 실수한다. 실수해도 실패는 안 된다. 돌다리도 두들겨 보라 했다. 실수에 대비해 목표 매수량의 50~70%는 남겨두는 현명한 지략가가 되자.

수익구간은 수익을 즐기고 추가매수는 손해일 경우만 한다. 수익 구간 추가매수는 매수단가만 높인다. 추가매수 시기는 최초매수 전 스토리텔링을 통해 미리 정해두어야 한다.

성경에 매사에 감사하라 했듯 손해에 감사해하자. 추가매수 기회를 주셨으니 천운이라 생각하자. 모두가 '아니오'라고 할 때 혼자 '예'라고 해야 하는 순간이 이런 때다. 손절매는 실수를 실패로 귀결시키는 것이다.

분할매수를 하면 매수단가가 낮아진다. 다만, 매수총액이 늘어나 심적 부담이 커질 수 있다. 그럴 경우에는 분할매수로 낮아진 매수단가 수준에서 매수총액의 반은 일단 매도한다. 심적 부담 완화와 투자금액 증가에 따른 리스크를 줄이기 위함이다.

매도 확신이 없다면 분할매도로 나눠 팔자

매도 이후 주가가 더 오르면 속 쓰리다. 더 벌지 못한 자책과 후회감은 매우 크다. 자제력을 잃고 매도 가격보다 더 높게 재매수한다. 신이 아닌 이상 최고점에 팔기란 불가능한데도 말이다. 그래서 매도가 어렵다.

매도와 보유 사이 망설임이 크다면 분할매도가 답이다. 과한 욕심을 조금만 덜어내면 된다. 주가가 올라도 남은 절반이 수익이니 기쁘고, 주가가 내리면 반절을 잘 팔았으니 기뻐하면 된다. 심리적 안정감을 위해서라도 욕심을 덜어내고 마음 편한 분할매도를 선택하길 바란다.

9원칙

초보 투자자
기초 지식 쌓기

첫째 날

둘째 날

셋째 날

넷째 날

다섯째 날

부록
돈 버는 투자 습관

외국인, 기관투자자는 투자의 동행자라고 여기자

1. 외국인, 기관투자자는 프로다. 내부통제도 철저하고 기업가치에 기반한 투자를 한다.
2. 외국인, 기관투자자 출현은 시장의 관심을 불러일으킨다.
3. 외국인, 기관투자자가 동시에 대량 순매수하는 종목에 관심을 두자.

외국인과 기관투자자는 최고 프로다

세상에 안 어려운 일이 없다. 특히 주식투자는 정말 어렵다. 그렇다면 똑똑한 친구를 곁에 두고 따라쟁이가 돼보자. 주식시장에서 가장 똑똑한 친구는 외국인과 기관투자자다. 그들은 정보도 더 많고 분석 능력도 뛰어나다. 투자할 돈도 많아 소위 '세력'이다.

기관투자자는 국민연금, 우정사업본부 같은 연기금과 자산 운용사, 보험사 같은 금융기관 등이다. 외국인은 외국계 금융회사, 외국계 투자회사 등 다양하다. 이들은 허투루 투자하지 않는다. 엄격한 내부통제 기준에 맞춰 우량회사 중심으로 장기투자한다. 실적과 호재에 기반해 미리 움직인다. 그래서 외국인과 기관투자자가 순매수하는 종목은 핫한 종목이다.

다만, 가끔은 단타꾼 검은 머리 외국인(국적만 외국인)이 정상적인 외국인 투자와 혼동을 준다. 검은 머리 외국인이 출몰하는 종목들은 대부분 실적이 좋지 않다.

외국인과 기관투자자 출현은 시장에 관심을 유도한다

투자자 관심도 증가는 거래량 증가로 이어지고 거래량 증가는 주가 상승 연쇄효과를 일으킨다. 외국인과 기관투자자 매수는 투자 관심도 1순위다.

핵심은 외국인과 기관 모두 동시에 대량 순매수하는 종목이다. 특히 순매수 강도가 매우 센 종목에 집중한다. 둘 중 하나는 사고, 하나는 팔면 고민인데 둘 다 매수하고 그 매수 강도도 매우 강하니 뭔가 호재가 있는 것이다.

외국인, 기관투자자 일일 매매 현황은 증권사 HTS, 네이버, 다음 등에서 확인 가능하다. 매일 또는 일주일 단위로 통계 기사도 나오니 허투루 보지 말자. 특히 주말 외국인, 기관투자자 주간 순매수 통계 기사는 꼭 챙겨보자. 코스닥, 코스피별로 외국인, 기관별로 순매수(순매도) 상위 회사를 순매수(순매도)량과 함께 안내한다. 주간순매수 통계 기사에서 1) 거래규모, 금액이 큰 순매수, 2) 몇 주간 지속된 순매수, 3) 중소형주에 대한 순매수, 4) 실적개선과 연동한 순매수, 5) 외국인과 기관 동시 순매수 상위종목 등은 주말 분석 대상이 된다.

계속 강조하듯 이 책의 핵심은 잃지 않는 안전한 투자다. 엄격한 내부통제로 인해 호재가 있는 우량한 회사 중심으로 투자하는 외국인과 기관투자자는 우리의 롤모델이 될 수 있다.

초보 투자자
기초 지식 쌓기

첫째 날

둘째 날

셋째 날

넷째 날

다섯째 날

부록
돈 버는 부자 습관

수익 난 날은
시세판을 끄자

1. 수익 난 날은 승리감에 평정심을 잃고 충동적인 투자를 할 수 있다.
   과도한 승리감에 취하지 않게 시세판을 끄는 것은 필수다.
2. 대신 수익 난 날만큼은 긴장의 끈을 풀고 행복감을 만끽하자.
3. 투자 수익으로 인생의 의미 있는 일들을 하자.

매도 이후 재매수도 하루 이상 투자 고민이 필요하다

하루 이상 매수 고민을 하라고 했다. 재매수도 하루는 고민하자. 승리에 도취하면 평정심을 잃어 실수한다. 매도했다면 오늘만큼은 시세판을 조용히 꺼두자.

매도일에 시세판을 꺼둬야 할 이유는 첫째, 매도 가격보다 주가가 오르면 손해 보지 않았는데도 더 못 번 것이 괴롭다. 둘째, 조급함에 수익금까지 합쳐 매도종목을 비싸게 재매수하고 결국 번 것보다 더 잃는다. 셋째, 분석 시간 부족으로 신규 매수종목 투자에 실수할 수 있다.

바둑 기사들은 승리에 담담하도록 절제력 훈련을 받는다. 승리에 취하면 자만하게 되고 다음 대국에서 집중력이 떨어진다. 그래서인지 최종 우승에도 옅은 미소만 살짝 지을 뿐이다. 이성으로 감정을 누르는 훈련을 수없이 반복하기에 가능하다. 주식투자를 평생 할 거라면 지금부터 기쁜 감정을 누르는 연습을 해보자.

수익 난 주식을 매도한 날에는 행복감에 취해보자

승리에 도취하면 감정이 느슨해진다. 인고의 시간을 이겨내고 승리했으니 긴장감이 풀어지는 건 당연하다. 추운 겨울 따뜻한 난로 앞에 앉아 있는 듯 기분 좋은 졸림이다. 수익 난 날은 한 발 떨어져서 나른한 행복감을 만끽하자.

적절한 긴장감 유지는 집중력 향상에 좋다. 다만, 쉼 없이 긴장감을 유지하는 것은 오히려 마이너스다. 샌드타이거샤크처럼 쉴 땐 쉬고, 사냥할 땐 전력을 다하는 습관이 필요하다. 잠깐의 휴식만이 길고 긴 투자 레이스에서 번아웃되지 않고 살아남는 비법이다. 하루 쉬는 것이 큰 기회비용도 아니다. 우리 인생만큼 길고 긴 투자 인생에서 하루

초보 투자자
기초 지식 쌓기

첫째 날

둘째 날

셋째 날

넷째 날

다섯째 날

부록
돈 버는 투자 습관

는 촌음寸陰(짧은 시간)일 뿐이다.

투자 수익으로 인생에 의미 있는 일들을 하자

투자 수익을 자랑하지 말자. 자랑이 자만이 되고 자만은 현명한 판단을 방해한다. 사촌이 땅을 사면 배 아프다. 자랑 때문에 질투 대상이 되면 여러모로 피곤해진다. 투자 수익으로 한 턱 쏘지 말자. 한두 잔 쏘다 보면 명석한 두뇌가 무뎌진다. 주식투자의 무기는 명석한 두뇌인데 칼날이 무뎌지면 승리하기 어렵다. 버킷리스트를 정해두고 수익 일부는 나를 위해 쓰자. 가족을 위해서도 수익을 쓰자. 수익 일에는 지인과 술잔 대신 가족과 저녁을 함께하자. 힘들고 어려울 때 내 곁에는 가족밖에 없다. 마지막으로 소액이라도 노숙자분들이 파시는 잡지도 사드리고 봉사 단체에 기부도 하자. 복을 나눠야 더 큰 복이 들어온다.

위칭데이,
마녀의 심술이 투자 기회다

기초자산 변화에 따라 가격이 결정되는 파생상품

파생派生의 사전적 의미는 '사물이 어떤 근원으로부터 갈려 나와 생김'이다. 그래서 파생상품Derivatives은 근원인 기초자산이 있어야 한다. 기초자산이 있고 그 기초자산의 가격 변화에 연동해 가격이 결정된다. 기초자산으로는 주식, 채권, 통화, 농산물, 금, 은, 원유, 날씨, 돼지(돈육) 등이 있다.

파생상품으로는 선도, 선물, 옵션 등이 대표적이다. 선도와 선물은 같은 개념인데 표준화된 거래소 내 거래면 선물, 그 외 비표준화된 거래 등은 선도다. 선물은 한자로 먼저 선先 물건 물物, 영어로는 퓨쳐스Futures다. 선 매매 이후 미래에 물건을 인수도 한다. 예를 들자면 밭떼기다. 이른 봄 배추씨를 뿌릴 때 미리 먼저 한 포기당 500원으로 매매가를 정하고 수확 이후 물건을 인도한다. 배추 한 포기는 기초자산, 약속된 가격 500원은 행사가격이다. 배추밭 주인은 선물 매도를, 가락동 중개상은 선물 매수를 한 셈이다. 가을 배춧값이 200원이면 가락동 중개상은 봄에 미리 정한 500원으로 사야 하기에 손해다. 반대로 배추밭 주인은 200원에 팔 것을 500원에 파니 수익이다.

옵션Option은 선택할 수 있는 권리란 뜻이다. 즉, 옵션은 선물과 달리 만기 시점에 권리 행사 여부를 선택할 수 있다. 콜Call옵션과 풋Put옵션이 있는데, 콜옵션은 만기에 사거나, 안 사도 될 권리를 매매하고 풋옵션은 팔거나, 안 팔아도 되는 권리를 매매한다. 만기에 가격 상승을 예상한다면 만기에 앞서 미리 싼 가격에 콜옵션을 매수하면 된다. 반대로 가격 하락을 예상한다면 풋옵션을 매수하면 된다.

콜옵션(풋옵션)의 경우 주가가 약속된 가격(행사가격) 이상으로 상승(하락)하면 매수자는 이익, 매도자는 손해다. 반면 주가가 하락(상승)하면 콜옵션(풋옵션) 매수자는 매수권리를 포기할 수 있다. 이 경우 매도자는 콜옵션 매도가격(프리미엄)으로만 이익이 한정된다. 매수자 권리 포기 가능성으로 인해 매도자는 불리하다. 따라서 프리미엄은 매도자에 대한 보상 차원에서 지불하는 금액이다. 결국, 앞선 예에서 가락동 중개상이 배추 한 포기당 500원으로 사는 콜옵션을 매수했다고 하자. 배추 한 포기는 기초자산, 약속된 가격 500원은 행사가격이다. 콜옵션 매수자는 김장철 배춧값이 200원이 되면 프리미엄만 손해 보고 매수할 권리를 포기하면 된다. 대신, 배춧값이 1,000원이면 봄에 미리 500원에 매수할 권리를 샀으니 이를 행사해 이익을 얻으면 된다.

위칭데이가 주식시장을 흔든다

주식관련선물은 3, 6, 9, 12월 두 번째 목요일이 만기일이다. 주식관련옵션은 매월 두 번째 목요일이 만기일이다. 3, 6, 9, 12월 두 번째 목요일은 주식관련선물과 주식관련옵션 만기일이 겹친다. 선물과 옵션의 만기일이 겹치는 날을 위칭데이Witching Day라 칭한다. 위치Witch가 마녀이니, 위칭데이는 마녀가 심술을 부리는 날이다. 거래소에는 주가지수 선물과 옵션, 개별 주식 선물과 옵션 4개가 거래되니 영어로 4배를 뜻하는 쿼드러플Quadruple을 앞에 붙여 '쿼드러플 위칭데이'라고도 한다.

마녀가 심술을 부리듯 위칭데이에는 주식시장이 어디로 튈지 모른다. 이게 다 파생상품 수익전략 때문이다. 예를 들면 주가지수 선물 매수자는 만기일 주가가 선물 시세보다 높아야 미리 싸게 산 셈이어서 이득이다. 따라서 만기일 즈음에 주식을 사들여 시세 상승을 기대한다. 반대로 선물 매도자는 주식 매도로 시세 하락을 기대한다. 따라서 이 둘 간의 엇갈린 투자 전략으로 만기일이 가까이 오면 기업 가치와 무관하게 주식시장이 출렁거린다. 이를 꼬리가 몸통을 흔든다는 뜻의 '왝더독'Wag the Dog이라 한다. 파생상품 시장(꼬리)은 주식시장(몸통)을 기초자산으로 한다. 파생상품 만기일 즈음만은 파생상품(꼬리) 수익 전략으로 주식시장(몸통) 주가 변동이 과하게 나타나기에 붙여진 애칭이다. 위칭데이가 끝나면 과하게 변동된 주가는 제자리를 찾아간다.

초보 투자자 기초 지식 쌓기

첫째 날

둘째 날

셋째 날

넷째 날

다섯째 날

부록 돈 버는 투자 습관

+ + +  + + +

호재 뉴스에 대해
공부하자

매도하기 쉬운 디데이 투자	계절주, 정치 테마주, 실적주, 배당주 등은 특정일에 이벤트가 예정되어 있다. 이벤트 데이까지만 보유하면 주가가 상승하니 맘 편한 투자다.
배당 메리트 최대주주 상속(증여)	상속(증여)세는 상속(증여) 발생시점 앞뒤 2개월 평균주가 기준이다. 세금 이슈로 주가를 누르는 2개월이 매수 타이밍이다. 고배당으로 상속(증여)세를 해결할 수도 있다.
매수세 유입 신호, 신규 지수편입	주가지수 신규 편입은 외국인, 기관투자자, ETF 등 양질의 매수자가 몰리는 호재다. 관련 뉴스가 나오면 발 빠르게 선점하자.
회사 체질 개선, PEF 인수	PEF는 인수한 회사를 되파는 게 목적이므로 회사를 좋게 만든다. 인수 시 빌린 자금 이자를 내기 위해 고배당도 한다.
저가 매수 기회, 자사주 매입	고가에 자사주를 매입할 리 없다. 자사주 매입기간 주가를 누르기에 매수 타이밍이다. 자사주 매입 후 소각하면 최고다.
저PBR 기회, 땅 부자 회사 자산재평가	땅 부자 회사 자산재평가는 호재다. PBR과 부채비율이 낮아져 투자 매력도가 높아진다.
유동성 개선 효과, 액면병합(분할)	액면분할(병합)은 유동성 부족(과다) 해소가 목적이므로 단기 호재다.
저PER 신호, 실적개선 리포트	실적개선 증권사 리포트는 호재다. 리포트에 당기순이익 추정치가 있다면 미래 PER을 구할 수 있다.
정부의 강력한 정책 추진	정부의 정책 추진은 실적과 연동된다. 강력한 정책 추진이라면 매수하고 장기 보유다. 차기 대통령 당선 유력자 정책 공약집도 눈여겨보자.
수익성 개선, 판매 가격 상승	판매제품 가격 인상(인하)은 회사 수익성과 연동된다. 관련 뉴스에 발 빠르게 대응하자.

매도하기 쉬운 디데이 투자

1. 디데이 투자란 매도일 예측이 미리 가능한 쉽고 안전한 투자다.
2. 디데이까지 보유하면 되니 잦은 시세 확인에 따른 조급증도 없다.
3. 계절주와 정치 테마주, 실적주, 배당주 등은 디데이 예측이 가능한 투자 대상이다.

디데이 투자란 매도일이 예측 가능한 투자다

증시 격언에 '뉴스에 팔아라'라는 말이 있다. 뉴스가 호재의 최고 정점이기에 미련 없이 매도하라는 뜻이다. 이 말에 충실한 투자법이 디데이D-DAY 투자법이다. 디데이는 뉴스 당일이자 매도일이다. 매수하고 기다리면 뉴스 당일이 되고 그날 매도하면 된다. 전량 매도 여부는 뉴스 강도, 거래량 규모, 후속 호재 여부에 따라 결정한다. 뉴스 강도가 약해 추가 호재 뉴스가 어렵다면 전량 매도를 하고, 호재가 더 남아 있다면 매도를 미룬다. 뉴스 당일 거래량이 평소 대비 과하다면 세력이 빠져나가고 있으니 매도한다. 전량 매도 판단이 쉽지 않다면 안전하게 반은 팔고 반은 보유한다. 디데이 투자법은 물고기 양식과 비슷하다. 양식장에 치어를 넣고 성어가 될 때까지 기다리면 되니 디데이 투자법과 다를 게 없다.

매도일을 알기에 안전한 투자법이다

디데이 투자법은 괴로움이 적은 안전한 투자법이다. 주식투자는 매수보다는 매도가 더 어렵다. 디데이 투자법은 이 어려운 매도 예측이 쉬워 투자가 편하고 안전하다. 매도를 위한 뉴스만 확인하면 된다. 디데이를 알기에 수시로 시세 점검을 할 필요도 없으니 조급증에 따른 스트레스도 적다.

  정부가 우주산업에 매진한 적이 있었다. 러시아 우주선에 한국인을 태워 우주에 보냈고 나로호도 발사했다. 발사는 계속 실패했지만 정부 의지가 강해 몇 년간 나로호는 계속 발사되었다. 발사일 전후 관련주들 급등락이 반복되었다. 나로호 발사 일을 알기에 나로호 발사 시점에 맞춰 디데이 투자가 가능했다.

초보 투자자 기초 지식 쌓기

첫째 날

둘째 날

셋째 날

넷째 날

다섯째 날

부록 돈 버는 부자 습관

계절주와 정치 테마주, 실적주, 배당주 등은
디데이 예측이 가능하다

계절주가 디데이 투자법에 제일 적합하다. 계절은 매년 돌아오기에 1년마다 기회가 생긴다. 계절주에는 황사주(봄), 비료주, 장마주, 폭염주, 폐기물주(여름), 조류독감주(가을, 겨울)가 있다. 실적주와 배당주도 이 투자법이 가능하다. 실적주는 분기, 반기, 연간 실적 발표 시점마다 계단식 상승을 한다. 배당주도 배당이 끝난 시점(12월 결산법인의 경우 1~3월) 매수하고 배당 기준일 즈음(12월 결산법인의 경우 11~12월)에 주가가 올랐다면 매도하면 된다.

정치 테마주도 이 투자법이 가능하다. 안철수 전 의원이 창업한 안랩도 그의 정치적 운명에 맞춰 주가가 출렁거렸다. 선거에 패해 현실 정치와 거리를 둔 유력 대선 후보자는 선거에 맞춰 돌아온다. 대통령 선거 2년 전 미리 매수하고 기다리면 대통령 선거가 가까울수록 이상 급등을 맛본다. 다만, 이유 없는 급등락이 많고 유력 정치인이 낙마하면 회복할 수 없는 손실을 본다는 점은 감안하자.

매수 전 매도 디데이를 체크해보자. 디데이가 명확할수록 매력적 투자처이기에 투자 결정이 쉽다.

초보 투자자의
기초 지식 쌓기

첫째 날

둘째 날

셋째 날

넷째 날

다섯째 날

부록
토 바는 부자 습관

배당 메리트
최대주주 상속(증여)

> 1. 최대주주 사망과 증여로 고액 세금 이슈가 발생한다.
> 2. 우량기업이고 상속(증여)받은 자 보유 지분이 많다면, 고배당으로 세금을 해결할 수 있다.
> 3. 상속(증여) 세금은 상속(증여) 발생시점 기준 앞뒤 2개월(총 4개월)간 평균주가를 기준으로 한다. 이 시기가 역발상 매수 적기다.

상속(증여) 주식은 세금 때문에 고배당 가능성이 높다

최대주주 사망에 따른 상속과 살아생전 증여를 받은 자는 상속(증여)세를 내야 한다. 상속(증여)받은 자 대부분은 현금이 많지 않다. 국세

청은 세금을 5년간 나눠 내는 연부연납年賦延納을 허용한다. 결국 돈이 없는 후손 등은 세금을 주식 담보대출 또는 고배당으로 해결한다. 고배당할 수 있는 회사의 전제 조건은 첫째, 흑자회사로 유보금과 현금이 많은 회사다.

둘째, 현금이 없다면 팔 자산(땅, 건물, 자회사 등)이 많은 회사다. 자산을 팔아 고배당에 활용한다. 셋째, 가급적 상속(증여) 받는 자 지분이 많은 경우다. 지분이 많을수록 깜짝 셀프 고배당이 쉽다. 세금 납부를 위해 주식 담보 대출을 받는 경우에도 담보 가치 하락을 막기 위한 주가 관리가 필요하다. 담보 가치가 하락하면 반대매매될 수 있기 때문이다. 가끔 도저히 세금 납부가 어렵다고 판단할 때는 지분 전체를 매도하기도 한다.

상속(증여) 공시일 기준 2개월 안에 매수하자

상장 주식에 대한 상속(증여)세는 발생시점 기준 앞 2개월, 뒤 2개월간 평균주가 기준이다. 상속 발생시점은 사망일이고 증여는 증여일이다. 최대주주 지분변동은 공시사항이므로 상속(증여)은 공시 대상이다. 후손들 입장에서는 상속(증여) 발생 후 2개월간 주가 상승이 싫다. 그래서 대부분 주가는 횡보 또는 하락한다. 바로 이 시점이 역발상 매수 적기다. 세금 산정을 위한 2개월 동안 매수하고 세금 산정 확정 이후 주가 상승과 고배당을 기다리면 되겠다.

최대주주 상속, 증여 사례(A제지, B고속)

A제지는 드라마 소재로도 나온 바 있다. 고령 최대주주(70대 후반)는 첫 번째 결혼한 부인이 낳은 50대 아들에게 회사를 물려주지 않았다. 대신 35세 연하의 재혼한 부인에게 회사를 증여한다. 증여재산은 총 190억 원(회사지분의 51%)대로 세금만 100억 원 수준이었다. A제지는 증여 이후 고배당을 3년간 했다. 이후 사모펀드 운용사에 매각되었다. 상속 전 회사 배당 성향은 10%대 수준이었으나, 2014년 200%대 이상까지 증가했다. 재혼한 부인이 2011년부터 2014년까지 3년간 수령한 배당금은 70억 원이 넘었다.

B고속은 창업주가 명의 신탁했던 차명주식(발행주식의 68%)을 손자들에게 증여하면서 발생한 세금(업계 추정 약 4백억 원)을 감당하기 위해 지난 몇 년간 고배당을 했다. 2011년 이후 단 한 차례도 배당이 없었으나 증여 이후인 2016년 3월 이후에는 고배당이 주기적으로 이어졌다. 증여 이후 3년간 배당은 총 8차례로, 2018년 1분기 기준 약 300억 원이 넘게 누적 배당했다. 최대주주 등 지분이 85%라 배당 대부분은 최대주주 몫이었다.

상속(최대주주 사망), 증여 관련 뉴스나 공시가 나오면 이를 확인하자. 유보금이나 재산이 많은 우량회사로 최대주주 지분이 많다면 고배당 투자를 적극 고려해본다.

초보 투자자의 기초 지식 쌓기

첫째 날

둘째 날

셋째 날

셋째 날

다섯째 날

부록 돈 버는 투자 습관

매수세 유입 신호, 신규 지수편입

1. KOSPI, KOSDAQ, KRX 등이 대표 주가지수다. KRX는 유가증권시
   장과 코스닥시장 대표종목을 아우르는 지수다.
2. 신규 지수편입만으로도 외국인, 기관투자자, ETF 등 양질의 매수자
   가 몰린다. 가급적 미리 선점하자.
3. 신규 지수편입이 호재이긴 하나 뉴스 이후 뒤늦게 사면 꼭지일 수 있
   다. 호재에 현혹되지 말고 기업가치에 따른 투자가 필수다.

KOSPI, KOSDAQ, KRX 등이 대표 주가지수다

국내 주식시장은 유가증권시장과 코스닥시장으로 구분되며 관련 다
양한 주가지수(대표지수, 섹터·산업별 지수 등)를 산출하는데 동지수

는 선물·옵션, ETF 등의 기준으로 활용된다.

그중 대표지수에 대해 알아보면 유가증권시장은 KOSPI 200, KOSPI 100, KOSPI 50, 코스닥시장은 KOSDAQ 150, 그리고 유가증권시장과 코스닥시장을 아우르는 KRX 300, KRX Mid 200, KRX 100, KTOP 30 등이 있다. KRX는 거래소_{Korea Stock Exchange}의 약자다. 지수 뒤에 숫자는 지수편입 회사 숫자를 의미한다. 가령 'KOSPI 200'이면 유가증권시장 대표종목 200개를 아우르는 지수란 의미다.

KOSPI 200 지수는 대한민국 주식시장을 대표하는 벤치마크 지수다. 거래소에서 코스피 종목을 8개 산업군으로 분류한다. KOSPI 200의 신규 지수편입 조건은 일평균 시가총액, 거래대금 등의 순위다. 특히 KRX 300과 KRX Mid 200은 코스닥 활성화를 위해 유가증권시장과 코스닥시장을 통합해 산출한 지수다. KRX Mid 200은 KRX 300 지수편입 종목을 제외하고 잔여종목 중 선정한다. 이로 인해 KRX Mid 200은 코스닥 중소형주 중심이다. KOSPI 200, KOSDAQ 150, KRX 300, KRX Mid 200 등은 1년 2회(6월, 12월) 정기 변경을 한다. 정기 변경일은 KOSPI 200 선물시장 6월, 12월 결제월 최종 거래일의 다음 거래일이다. 구성 종목은 매년 5월, 11월에 확정한다.

증권거래소 증권 투자 정보포털 KRX 스마일(smile.krx.co.kr)에서 각 지수별 구성 종목과 주가를 확인할 수 있다.

신규 지수편입만으로도 매수 자금이 몰린다

재무기준이 불량한 기업은 시가총액이나 거래량 조건을 충족해도 지수선정에서 제외된다. 우량기업만 모여 있기에 주가지수 신규 편입은 매우 매력적이다. 지수편입은 믿고 투자할 수 있는 자격증 취득과 같다. 지수편입 전후 투자 수요가 몰려 주가가 오를 가능성이 높다.

내부통제 기준이 엄격한 기관투자자나 외국인의 경우 지수편입 여부가 중요한 투자 판단 기준이다. ETF도 해당 주가지수 종목 매수는 필수사항이다.

주가지수에 신규 편입만 돼도 관련 ETF 매수세가 몰린다. 큰손(기관투자자, ETF, 외국인 등)들은 중장기 투자자이므로 이들의 등장은 안정적인 주가 흐름에 도움이 된다.

주가지수 중복 편입도 좋은데 가령 KOSPI 200과 KRX 300에 중복 편입되는 종목군은 여러 군데 러브콜이므로 더욱 매력적이다. 반대로 지수편입 종목이 지수에서 제외되는 건 악재다.

글로벌 투자에 큰 영향을 미치는 벤치마크지수도 있다. 미국을 대표하는 MSCI(Morgan Stanley Capital International Index) 지수와 유럽을 대표하는 FTSE(Financial Times Stock Exchange) 지수다. 국내 지수편입과 함께 글로벌지수에 신규 편입되는 종목에 대한 관심도 필요하다.

MSCI 지수 중 아시아 국가 구성

선진국 시장(Developed Markets)	신흥국 시장(Emerging Markets)
호주, 홍콩, 일본, 뉴질랜드, 싱가포르	한국, 중국, 인도, 인도네시아, 말레이시아, 파키스탄, 필리핀, 대만, 태국

FTSE 지수와 MSCI 지수는 국가별로 선진국, 신흥국, 프런티어시장 등으로 구분하고 있다. 우리나라는 FTSE 지수에선 선진국 시장이다. 하지만, MSCI 지수에는 아직 신흥국 시장에 머물러 있다. 장기·우량 투자금에 꾸준한 유입을 위해서는 MSCI 지수 선진국 시장 편입이 빨리 되어야 한다.

출처: MSCI 홈페이지

비싸게 매수할 필요는 없다, 사전 검증을 철저히 하자

주가지수에 신규 편입되는 건 호재인 건 분명하다. 다만 호재 꼭지에 매수하지 않도록 시기는 잘 고려하자. 호재를 틈타 단타세력이 주가를 과도하게 끌어올리고 빠질 수 있어서다. 신규 편입 예상종목에 대한 묻지마 투자는 지양한다. 기업가치를 판단해본 후 투자하는 건 기본임을 다시 한번 기억하자.

보통 종목 변경 2~3주 전 편입(탈락) 예상종목 뉴스가 나온다. 혹여 단기 투자가 목적이라면 언론에 거론되는 초기 발 빠르게 매수하고 외국인과 기관 매매추이를 보고 매도 판단하면 되겠다. 주가지수 편입 초기 ETF, 기관투자자 등의 물량 확보가 끝나면 이벤트는 끝날 수 있다.

초보 투자자 기초 지식 쌓기

첫째 날

둘째 날

셋째 날

넷째 날

다섯째 날

부록 돈 버는 부자 습관

회사 체질 개선, PEF 인수

1. PEF는 바이아웃(Buy Out, 수익 내고 매도)을 목적으로 하기에 회사 인수 후 기업가치를 최대한 끌어올린다.
2. PEF가 빌린 인수자금 대출이자를 메우기 위해 배당금을 올린다.
3. PEF가 인수한 회사는 중장기적으로 바라봐야 한다.

PEF는 돈 되는 회사를 산다

PEF$_{Private\ Equity\ Fund}$(사모투자펀드)는 투자자 자금으로 특정 회사 주식을 대량 인수한 후 경영에 참여하는 펀드다. PEF는 전형적으로 경영권을 확보한 뒤, 일정 기간이 지나면 되팔아 차익을 남기는 바이아웃 투자 전략을 취한다. 바이아웃이 목적이기에 기업 개선이 되기 어려운 회사는 인수하지 않는다.

PEF는 바이아웃을 위해 기업가치를 올린다

PEF의 목적은 인수한 회사가 좋아지면 매도해 차익을 내는 것이다. 그래서 PEF가 경영권을 인수하면 경영 방식 개선 등으로 기업가치를 최대한 끌어올린다. 지금은 어려워도 향후 정상화될 가능성이 높아 PEF 인수는 호재다. 모회사 경영 악화 때문에 매물로 나온 우량기업이라면 모회사 지원 부담도 덜어서 좋다.

PEF는 투자자 자금 외 부족분은 대출로 해결한다. PEF 대출 이자를 메우기 위해 인수한 회사 배당을 올린다. PEF가 인수한 회사로는 락앤락, 한온시스템, 쌍용양회, 삼양옵틱스, 휴젤 등이 있다.

PEF가 인수한 회사에 대한 투자는 중장기 관점이다. PEF가 회사의 기본 체질을 개선하고 수익 경쟁력을 키우는 데 시간이 들기 때문이다. PEF와 투자 사이클을 같이할 마음이라면 최소 3~4년 이상 장기 투자를 생각해야 한다. 다만, PEF 인수 뉴스가 단기 이벤트가 될 수도 있다. PEF 인수 뉴스가 있다면 이를 검토해 단기 또는 중장기투자 여부를 검토하자.

초보 투자자 기초 지식 쌓기
첫째 날
둘째 날
셋째 날
넷째 날
다섯째 날
부록 돈 버는 부자 습관

저가 매수 기회,
자사주 매입

---

1. 자사주 매입은 회사가 자기 회사 주식을 사는 것이다.
2. 회사는 비싼 가격에 주식을 사줄 자선단체가 아니다. 주가가 저가이
   기에 수익 내려 사는 거다.
3. 주주가치 제고를 위한 자사주 매입 효과 최고봉은 자사주 소각이다.
4. 회사는 자사주 매수기간 주가를 올릴 이유가 없으니 매수 적기다.

회사는 3개월 동안 나눠서 자사주를 매수한다

자사주 매입은 회사가 자기주식을 사는 것이다. 자사주 매입은 공시
를 통해 매수기간과 매수량을 미리 알려준다. 이사회의 자기주식 취

득 결의 공시 익일부터 3개월 이내 자사주를 분할 취득해야 한다. 상당수 회사는 증권사와 자사주 취득 신탁 계약을 맺고 매수 행위를 위탁한다. 증권사 위탁의 경우 평소 기관투자자 비중이 적은 소형주라면 기관투자자 매수를 자사주 매수 수량으로 유추할 수 있다. 자사주 취득이 완료되면 취득일, 취득수량, 취득단가 등의 결과를 공시한다.

> **▶ 1일 자사주 주문 가능 수량**
> 1) 회사 직접 취득의 경우 1일 최대 주문 가능 수량은 종목별로 총발행주식 수 1% 이내에서 ① 신고한 취득 예정 수량의 10% ② 최근 1개월간 일평균거래량 25% 중 많은 수량 이내다. 2) 신탁 취득의 경우 총발행주식 수 1% 이내다.

회사는 비싼 가격에 주식을 사줄 자선단체가 아니다

공시를 보면 주가 안정을 통한 주주가치 제고를 위해 자사주를 매수한다고 되어 있다. 주가가 낮거나 실적개선 등 향후 호재가 있으니 미리 쌀 때 매입하는 거다. 자선단체도 아닌데 군이 비싼 가격으로 사둘리 만무하다. 자사주를 매입하면 유통주식 수가 줄어들게 되어 주가 상승에도 도움이 된다. 매수한 자사주는 주주총회에서 의결권이 없으나 매각하면 의결권이 살아난다. 최대주주에게 매도할 경우 경영권 방어에 도움이 된다.

자사주 매입 효과 최고봉은 자사주 소각이다

자사주는 주가 상승 시 매각할 수도 있고, 자사주 담보 교환사채를 발행할 수 있다. 유통주식 물량이 증가하니 주가에는 악재다. 반대로, 자사주 소각(없애기)은 주가에 호재다. 자사주 소각으로 주식 수가 줄어드니 시가총액도 작아져 주가 상승 여력이 생긴다. 다만 자사주 소각은 주식 수와 함께 자본금도 감소시킨다. 이익소각도 배당가능이익, 이익잉여금을 재원으로 자사주를 매입한 후 소각하므로 이익잉여금이 줄어든다. 그 결과 부채총액을 자기자본으로 나누는 부채비율이 높아진다.

공시 이후 3개월 동안 주가가 눌려 매수기회다

회사가 자사주 매입 공시를 하면 매입 예정기간 동안 주가는 급등하지 않는다. 회사 측도 급등하는 날에는 자사주 매입을 쉰다. 투자자라면 자사주 매입기간 동안 비싼 가격에 매수할 이유가 없다. 천천히 분할매수로 대응하면 된다. 다만 이왕 매수하기로 마음먹었다면 매수는 가급적 자사주 매입 기간 이내에 완료하자. 자사주 매입이 완료되면 시장 상황과 기업실적이 나쁘지 않다면 주가가 반등할 수 있다. 자사주 매입도 공시사항이다. 뉴스 기사를 스크린하다 보면 자사주 매입 뉴스를 쉽게 볼 수 있으니 관심 있게 보자.

저PBR 기회,
땅 부자 회사 자산재평가

초보 투자자 기초 지식 쌓기

첫째 날

둘째 날

셋째 날

넷째 날

다섯째 날

부록 돈 버는 투자 습관

1. PBR이 낮은 회사는 버블이 심하지 않아 하락장에서 잘 버티는 매력
   이 있다.
2. 자산재평가를 하면 PBR과 부채비율이 낮아져 투자하기 매력적이다.
3. 알짜 땅 부자 회사에 대한 기사를 허투루 넘기지 말자.

PBR이 낮은 땅 부자 회사는 하락장에서 잘 버틴다

청산가치를 판단하는 기준인 PBR은 시가총액을 회사의 자기자본(순
자산)과 비교한다. PBR이 1배 이하면 시가총액이 회사 자기자본(순자
산)보다 작기에 저평가다(시가총액 < 회사 순자산). 보유 재산가치 덕

분에 PBR 1배 이하 회사는 하락장에서 잘 버틴다.

보통 땅 부자 회사들은 대표적인 저PBR 회사들로 굴뚝회사들이다. 굴뚝회사다 보니 바이오, 게임 회사들과 달리 땅이 많이 필요했고 오랜 기간 그 땅을 보유하며 살아왔다.

자산재평가를 하면 PBR과 부채비율을 낮춘다

일부 저PBR 회사들의 경우 보유한 땅을 저평가된 상태로 장부 평가를 해둔 경우가 더러 있다. 지금도 저PBR인데 자산재평가를 하면 회계장부상 자기자본(순자산)이 늘어 훨씬 저PBR이 된다. 이런 회사를 발견한다면 관심 있게 살펴봐야 한다.

부채비율은 부채를 자기자본(순자산)으로 나누는데 분모인 자기자본(순자산)이 늘어나니 부채비율도 낮아진다. 향후 자산재평가로 PBR과 부채비율이 낮아진다면 현재 주가는 저평가 상태이므로 투자할 만하다.

2015년 1월 굴뚝기업 대한방직은 자산재평가 소식에 52주 신고가를 갈아치웠다. 1년 주가 상승률도 100%가 넘었다. 자산재평가 결과 자기자본(순자산)이 증가하고 그 결과 부채비율을 낮추게 되었다. 이처럼 향후 자산재평가 가능성이 있는 회사들에 관심을 갖자. 어떻게 찾을 수 있을까?

자산재평가 결과(자율공시)

1. 재평가 목적물	토지(유형자산)			
2. 재평가 대상	대구광역시 서구 비산동 1899-3 외			
3. 재평가 기준일	2014-12-31			
4. 재평가 내역(단위:원)	재평가 목적물	장부가액	재평가금액	재평가차액
	토지	54,532,436,997	197,397,755,500	142,865,318,503
합계		54,532,436,997	197,397,755,500	142,865,318,503
자산총액				255,211,371,336
자산총액 대비(%)				56
대규모법인여부	미해당			
5. 회계처리 예정내역	2014년 12월 31일 재무제표에 대한 영향 - 토지(자산의 증가) : 142,865,318,503 - 이연법인세부채(부채의 증가) : 31,430,370,071 - 재평가잉여금(자본의 증가) : 111,434,948,432			

2014년 12월 말 대한방직 자산재평가 결과 약 1,428억 원의 평가차액이 발생했다. 자산재평가에 따른 이연법인세 314억 원을 제외한 1,114억 원 자본증가를 가져왔다.

알짜 땅 부자 회사는 뉴스 검색만으로도 쉽게 찾는다

네이버, 다음 등 포털사이트에서 자산재평가, 저PBR로 뉴스 검색을 해보자. 그러면 자산재평가가 필요한 알짜 땅 부자 회사들을 찾을 수 있다. 또한 증권사 리포트나 추천 종목 중에서도 자산재평가가 필요하다는 내용이 있다.

나는 20여 년 전 ROTC로 군 생활을 파주 철책선에서 했다. 당시 설, 추석에는 민간인통제선(민통선)에 성묘가 허락됐다. 성묘 오신 노인 분께서 지뢰밭이 죄다 본인 땅이라며 통일되면 대박이라 하셨다. 땅 부자 회사 주주에게 자산재평가는 대박 아닐까? '땅은 거짓말하지 않는다'라는 말처럼 굴뚝회사의 묵혀둔 땅은 언젠가 보물이 된다.

유동성 개선 효과, 액면병합(분할)

07

1. 액면가는 시가총액, 현재 주가에 비해 중요도가 떨어진다.
2. 액면병합(분할)은 유동성과다(부족)를 개선한다.
3. 액면병합(분할)은 공시사항으로 병합(분할)에 따른 매매정지 이전 매수
   토록 한다.

주식투자에서 액면가는 중요하지 않다

종이 형태로 된 주권에는 가격이 적혀 있다. 이는 액면가로 100원, 200원, 500원, 1,000원, 2,500원, 5,000원, 10,000원 등으로 되어 있다. 최근에는 무액면 주식도 발행 가능한 만큼 액면가 대비 주가 상승

률은 투자 판단 측면에서는 무의미하다. 반면 현재 주가는 의미가 있는데 시가총액(주식 수×주가)도 액면가 대신 현재 주가를 활용한다.

액면분할은 주식 나누기, 액면병합은 합치기다

액면분할은 주권 액면을 나누는 것이며 액면병합은 합치는 것이다. 가령 액면가 1,000원 주식 1주를 10대 1 액면분할 하면 액면가 100원 10주가 되는 것이다. 반대로 액면가 100원 주식 10주를 10대 1 액면병합 하면 액면가 1,000원 1주가 된다. 즉, 케이크 한 판을 10조각으로 나누는 게 액면분할이요, 조각 케이크 10조각을 하나로 합치는 게 액면병합이다. 결과적으로 케이크(주식) 가치가 달라지진 않는다.

　액면병합(분할) 목적은 유동성 증감이다. 유통주식 수가 적어 거래가 불편하고 주가 왜곡을 낳는다면 액면분할로 주식 수를 늘린다. 반대로 유통주식 수가 많은 경우 오를 만하면 풍부한 매도 물량 덕분에 주가 상승에 제약이 있다. 이때 액면병합으로 주식 수를 줄인다.

액면분할, 액면병합은 단기적인 주가 호재 이슈다

액면병합 또는 액면분할은 불편했던 유통량 과다(부족)를 개선하므로 호재다. 다만 회사가치는 변하지 않기에 단기 이벤트다. 실적개선이 없으면 호재는 오래가지 못한다. 대한민국 대표 주식 삼성전자가 2018년 5월 액면분할을 했다. 50 대 1 액면분할로 기존 삼성전자 주

초보 투자자
기초 지식 쌓기

첫째 날

둘째 날

셋째 날

넷째 날

다섯째 날

부록
돈 버는 투자 습관

식 1주에 대해 50주를 배정했다. 1주에 260만 원 이상이었기에 매수가 부담스러웠는데 1주당 4~5만 원 수준인 국민주가 되었다. 액면분할 이벤트로 반짝 상승했던 삼성전자 주가는 액면분할 이후 갤럭시 9 매출 부진 우려 등으로 인해 주가가 조정되었다.

액면병합(분할)은 공시사항이다. 금감원 다트나 뉴스 기사 등을 통해 접할 수 있다. 액면병합(분할)은 병합(분할) 전 일정 기간 매매가 정지된다. 정지 기간에 증권사, 거래소 시스템 등을 개편한다. 매수의지가 있다면 매매정지 이전 미리 매수하자.

네이버금융 주식분할 결정 공시 화면

주식분할 결정

구분		분할 전	분할 후
1. 주식분할 내용	1주당 가액(원)	5,000	100
	발행주식총수 보통주식(주)	128,386,494	6,419,324,700
	종류주식(주)	18,072,580	903,629,000
2. 주식분할 일정	주주총회예정일	2018-03-23	
	구주권제출기간 시작일	2018-03-26	
	종료일	2018-05-02	
	매매거래정지기간	2018-04-30, 05-02, 05-03 (3영업일, 05-01:증시 휴장일)	
	명의개서정지기간 시작일	2018-05-03	
	종료일	2018-05-10	
	신주권상장예정일	2018-05-04	
3. 주식분할목적		유통주식수 확대	
4. 이사회결의일(결정일)		2018-01-31	

삼성전자는 2018년 5월 50 대 1 액면분할을 결정했다. 액면분할 전 5,000원이던 액면가가 100원으로 50분의 1 축소 변경됨에 따라 발행주식 수는 50배 증가했다. 액면분할에 따른 신주권 상장에 앞서 3영업일 동안 매매가 정지되었음도 참고하자.

출처: 삼성전자 주식분할 공시

저PER 신호,
실적개선 리포트

초보 투자자
기초 지식 쌓기

첫째 날

둘째 날

셋째 날

넷째 날

다섯째 날

부록
돈 버는 투자 습관

> 1. 증권사는 매도 리포트 대신 목표가를 낮춘다. 목표가 하향 조정 행간
>   의 의미는 매도다.
> 2. 증권사 목표가는 6개월에서 1년 동안 희망 목표일 뿐이다.
> 3. 리포트에서 찾을 핵심 키워드는 실적개선과 당기순이익 추정치. 이
>   를 통해 미래 PER을 구한다.

목표가를 낮춘 증권사 리포트는 매도 의견이다

증권사에 매도 리포트는 쉽지 않다. 보통의 경우 실적 기대치나 목표
가를 낮춘다거나 의견(매수, 중립, 매도)을 중립으로 낸다. 증권사 리포

트에 실적 기대치나 목표가 하향 조정 등이 있으면 행간의 의미가 매도임을 눈치채자. 가끔은 목표가도 없는 증권사 리포트나 매수 추천도 있다. 증권사가 상장을 도운 회사에 대해 상장 이후 리포트를 내는 경우 목표가를 제시 안 하기도 한다. 비록 목표가가 없더라도 도움 되는 내용이 있으니 꼼꼼히 살펴보자.

증권사 목표가는 6개월 또는 1년 동안 희망 사항이다

목표가와 현재 주가 간 괴리율이 높다고 매수 추천을 한다. 증권사 목표가는 6개월이나 1년간 목표 희망가다. 영문으로 'It must be 10,000won'이 아닌 'It may be 10,000won' 정도일 게다. 증권사도 신이 아니기에 목표가에 도달한다고 확신하지 말자. 그래서 이 책에서 누누이 전두엽으로 분석 판단하자고 한 것이다. 증권사 목표가와 내 판단을 비교해 내 판단이 더 옳다면 내 생각대로 투자하면 된다.

증권사 리포트에서 찾아야 할 중요 키워드는 실적개선이다

증권사 리포트가 도움 되는 경우가 많다. 애널리스트는 고액 연봉을 받는 최고 인재들이다. 그들이 심혈을 기울여 만든 리포트는 투자 판단의 나침판이다. 다만, 어려운 용어로 인해 초보 투자자들이 해석에 힘들어한다. 실적개선, 매출 증가, 당기순이익 증가 이 세 단어에 집중해보자. 그것도 어려우면 당기순이익 증가만이라도 집중해보자. 증권사 리포트에서 향후 당기순이익만 찾으면 우리가 이 책에서 배운 미래 PER을 쉽게 구할 수 있기 때문이다.

리포트 해석이 어렵다면 리포트를 요약한 뉴스로 이해하자

신문사는 증권사 리포트를 고맙게도 요약해서 기사화해준다. 매일 뉴스 스크린만으로도 증권사 리포트를 상당수 만날 수 있다. 특히 리포트에 전문용어 등이 많아 이해가 어렵다면 리포트를 요약한 뉴스를 먼저 읽어보고 리포트를 추가로 보자. 베스트 리포트를 증권부 기자들이 선정해서 요약본과 함께 실어주는 경제 신문도 있다. 뉴스 스크린을 게을리하지 말아야 할 이유가 여기에도 있다.

초보 투자자 기초 지식 쌓기

첫째 날

둘째 날

셋째 날

넷째 날

다섯째 날

부록 돈 버는 투자 습관

정부의
강력한 정책 추진

---

1. 정부의 정책 추진은 실제 실적과 연결되어 반짝 테마주와는 다르다.
2. 정책주 투자 결정 핵심은 지속가능한 정부 추진 의지다. 추진 의지가 강하다면 바이 앤 홀드(Buy and Hold) 전략이다.
3. 차기 대통령 당선 유력자 정책 공약집을 눈여겨보자.

정책은 실적과 연결되므로 핵심 어젠다를 선점해야 한다

정부가 우선순위로 삼는 정책들은 대통령 치적을 위해 지속해서 관리한다. 잠깐 반짝하고 마는 일회성 이벤트가 아니라 임기 내내 발전시키는 핵심 어젠다다. 다른 테마와 달리 정책이 실적과 연결되므로 미리 선점하면 두고두고 과실을 딸 수 있다.

정책주의 핵심은 정부의 강한 의지 여부다

보통 정책주는 정책 발표 전후로 테마화된다. 발표 즈음 관련 종목들이 급등락하기에 잘못하면 고점에 뒷북 투자하기 쉽다. 하루 반짝하는 뉴스라면 투자 메리트는 반감된다. 정책주 투자 결정 핵심은 지속적인 관심을 유발하게 할 정부 정책 추진 의지다. 정부가 계속 이슈를 생산해준다면 오늘 상승은 앞으로 있을 급등의 서막이다.

가령 남북경협주 상승을 불러일으킨 남북관계 개선은 문재인 정부의 주된 정책 과제다. 남북정상회담을 필두로 북미정상회담과 후속 제재완화, 남북 원조와 경협, 이산가족찾기, 개성공단 재개, 금강산관광 등 정부가 의욕적으로 추진할 숙제들이 산더미다. 숙제를 하나씩 해나갈 때마다 시장 주목을 받게 되고 주가는 오를 것이다. 과거 이명박 정부 시절 강한 반대 여론에도 불구하고 4대강과 자원개발, 원자력 사업을 5년간 밀어붙였다. 그 결과 4대강주, 자원개발주, 원자력주도 한동안 중요한 관심사였다.

정부 정책 방향, 추진 의지는 확인하고 투자하자

이명박 정부와 달리 문재인 정부는 취임 초기 원전 건설을 중지하기로 해 원전 부품주와 건설주 주가 하락을 불렀다. 다만 원전 건설 중

초보 투자자 기초 지식 쌓기

첫째 날

둘째 날

셋째 날

넷째 날

다섯째 날

부록 돈 바는 투자 습관

지가 국민 의견을 모아 철회되고 해외 원전 수출을 정부가 지원하면서 주가 하락은 진정세를 보였다.

박근혜 정부 시절 원격의료지원 관련주도 정책 추진 발표로 상승한 바 있으나 정책이 생각만큼 속도를 내지 못하자 주가는 도로 하락하였다. 테마주도 예외는 아니다. 가상화폐가 급등하자 관련 회사 주가가 급등했으나 국내외 정부 규제가 강화되고 해킹사고가 이어지자 관련 회사 주가는 하락했다.

당선 유력자 정책 공약집은 정책주의 투자 원천이다

대통령 당선 유력자들의 정책 공약집을 미리 눈여겨보자. 그들의 정책을 미리 읽고 대응한다면 투자에 성공할 수 있다. 문재인 대통령 당선과 함께 남북경협주를 매수하고 방산주를 매도했어야 했다. 진보정권 특성을 이해했다면 부동산 규제(건설주, 은행주에 악재 이슈)에 대해서도 미리 예측할 수 있었다.

수익성 개선,
판매 가격 상승

10

초보 투자자
기초 지식 쌓기

첫째 날

둘째 날

셋째 날

넷째 날

다섯째 날

부록
돈 버는 투자 습관

1. 판매제품 가격 인상이 회사 수익성 개선으로 이어진다.
2. 공공 성격의 통신, 전기 등은 친서민 정책의 피해자가 될 수 있다.
3. 가격 인상(인하) 뉴스를 주의 깊게 봐두자.

제품 가격을 올리면 회사 수익성이 개선된다

제품 가격을 올리면 회사의 수익성이 좋아진다(물론 기존만큼 팔린다
는 전제하에서). 예를 들어 CGV가 〈어벤져스〉 시리즈 신작 개봉에 맞
춰 관람가를 1,000원 올렸다. 비싸서 영화관 안 가겠다고 결심해도
신작을 기다리던 팬은 결국 그 가격을 감내하게 된다.

CJ CGV 영화 가격 인상 안내문

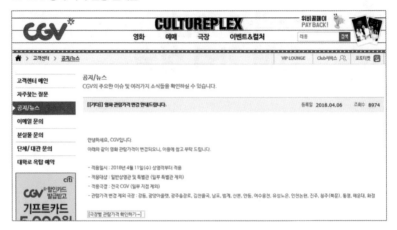

2018년 4월 CGV는 자사 홈페이지에 영화 관람가격 변경 공지를 올렸다. 주식투자를 위해서 이런 공지들을 주목해야 한다.

소주나 담배 가격을 올리면 열 받는다고 하면서도 틈날 때마다 담배를 뻑뻑 피우고 술도 술술 잘만 마셔댄다. 라면도 가격 상승에 멀리하기 어렵다. 결국 가격 인상에도 기존 수요가 유지되어 회사 수익성만 좋아진다.

수익이 늘면 당연히 미래 PER이 낮아진다. CGV 영화비가 올랐다고 회사 욕만 할 게 아니라 발 빠르게 CGV 주식을 산 다음 욕해도 늦지 않다.

정부 정책에 따라 주가가 달라진다

강력한 정부 규제로 가격을 인하해야 하는 경우도 있다. 서민 지갑을 두둑하게 해줄 친서민 정책들을 정부는 선호한다. 공공적 성격인 통신·전기가 그 대상자다. 가령 지난 대선 주요 공약이었던 통신비 인하는 이동통신사 수익성에 치명적이다. 전기 공기업도 국제유가 상승에도 불구하고 쉽게 전기료를 인상하기 어렵다. 친서민 정책 덕분에 이들 회사 주가 상승이 어렵다. 친서민 정책이 좋음에도 불구하고 관련 회사 투자자는 슬프기만 하다.

국내 규제는 그래도 봐줄 만하다. 미국의 철강 덤핑, 세탁기 규제 등은 국가 대 국가 협상이라 해결이 쉽지 않다. 악재는 피하는 게 상책이다. 굳이 악재에 맞서 잔다르크가 될 필요가 없다. 제품 가격 인상(인하)에 무관심했다면 지금부터는 달라져 보자. 뉴스에 가격 인상(인하) 기사가 나오면 유심히 봐두자.

초보 투자자
기초 지식 쌓기

첫째 날

둘째 날

셋째 날

넷째 날

다섯째 날

부록
돈 버는 부자 습관

배당락, 권리락에 주의하자

배당락, 배당부, 권리락, 권리부의 의미

배당을 받을 권리가 있는 날을 배당부, 권리가 없는 날을 배당락이라 한다. 마찬가지로 증자 권리를 받을 수 있는 날을 권리부, 권리가 없는 날을 권리락이라 한다. 한자로 부附는 붙을 부, 락落은 떨어질 락이다. 무상증자, 주주배정 및 주주우선공모 유상증자가 권리락의 대상이다. 일반공모나 제삼자배정 유상증자는 기존주주에게 권리부여가 없기에 권리락이 없다.

배당금액은 보통 주주총회 이후 한 달 이내 입금이 된다. 12월 결산법인의 경우 3월 주주총회 후 보통 4월경 입금이 된다. 유(무)상 증자한 주식도 권리락 이후 1개월 정도 이내 입고된다.

배당부, 권리부는 기준일 2영업일 전이다

배당이나 증자는 기준일 2영업일 전까지 매수해야 권리가 인정된다. 우리

주식시장은 매매일 2영업일 후 결제(T+2)가 되기에 그렇다. 가령 1월 4일 (월) 매도를 하면 2영업일 후인 1월 6일(수)에 결제가 이루어지므로 1월 6일 (수)에 주식 매도 대금을 찾을 수 있다. 그런데 증자나 배당을 받겠다고 권리가 없는 기준일에 매수하는 실수들이 많다. 반드시 기억하자. 배당이나 무상증자를 받기 위해서는 기준일 2영업일 전에 매수해야 한다. 달력을 기준으로 2일이 아닌 증권거래소 영업일 기준 2일 전이다.

12월 결산법인에 배당을 받으려면 폐장일 2영업일 전까지 매수해야 한다

거래소는 12월 31일(공휴일 또는 토요일이면 직전 매매거래일)은 휴장일, 즉 거래소 쉬는 날이다. 한해의 증권거래를 마감하는 마지막 영업일인 폐장일은 휴장일 하루 전날이다. 매년 12월에 거래소가 보도자료로 폐장일을 공지하니 뉴스로 확인할 수 있다.

예를 들어, 2018년 12월 31일(월)이 휴장일이면 12월 29일(토)과 30일(일)은 휴일이므로 12월 28일(금)이 마지막 거래소 영업일인 폐장일이다. 그렇다면 12월 결산법인에게 배당을 받기 위해서는 폐장일인 12월 28일(금) 결제 2영업일 전인 12월 26일(수)까지 주식을 매수해야 한다. 12월 26일(수)은 배당부, 12월 27일(목)은 배당락이다. 배당락, 권리락 이후에는 언제든지 보유했던 주식을 매도하면 배당, 증자받는 권리에 영향을 주지 않는다. 따라서 배당락일과 휴장일이 언제인지 미리 체크하는 습관을 들이자.

무상증자 공시 사례

무상증자 결정

1. 신주의 종류와 수	보통주식 (주)	2,690,000
	기타주식 (주)	-
2. 1주당 액면가액 (원)		500
3. 증자전 발행주식총수	보통주식 (주)	5,800,000
	기타주식 (주)	-
4. 신주배정기준일		2018년 04월 24일
5. 1주당 신주배정 주식수	보통주식 (주)	0.5
	기타주식 (주)	
6. 신주의 배당기산일		2017년 07월 01일
7. 신주권교부예정일		2018년 05월 17일
8. 신주의 상장 예정일		2018년 05월 18일
9. 이사회결의일(결정일)		2018년 04월 09일
- 사외이사 참석여부	참석(명)	1
	불참(명)	0
- 감사(감사위원)참석 여부		불참

10. 기타 투자판단에 참고할 사항

1) 신주배정 : 2018년 4월 24일 현재 주주명부에 등재된 주주(자기주식 제외)에 대하여 신주를 배정.

2) 신주의 재원 : 주식발행초과금

3) 신주배정권이 없는 자기주식의 총수 : 420,000주

무상증자 신주배정 기준일은 2018년 4월 24일(화)로 2영업일 전인 4월 20일(금)까지 매수해야 한다. 4월 23일(월)은 무상증자를 받지 못하는 권리락이 된다. 1주당 0.5주씩 신주를 주는 무상증자다. 자기주식은 무상증자 신주 배정에서 제외했음을 참고하자.

무상(유상)증자 권리락, 주식배당의 배당락이 되면 기존 가격이 조정된다

무상(유상)증자 권리락이 되면 기존 가격이 조정된다. 계산식이 있긴 하나 복잡하므로 편하게 생각해보자. 어차피 조정된 기준 주가는 권리락(배당락)일 주식시장에서 기업가치에 맞게 변하니까. 가령 현재가 1만 원인 주식을 100% 무상증자한다면 권리락 시 대략 5,000원으로 가격 조정이 된다고 생각하면 편하다.

시가총액은 주식 수와 주가의 곱셈이다. 주식 수가 2배로 늘어나기에 동일한 시가총액을 유지하기 위해서는 주가가 50% 내려가야 한다. 주식배당 배당락도 권리락과 동일한 방식으로 가격이 조정된다. 다만 현금배당은 주식배당과 달리 인위적인 가격 조정이 없다. 가격 조정 산식은 다음과 같다.

$$\text{무상증자 권리락 기준가격} = \text{권리부 종가(전일 종가)} \times \frac{\text{증자 전 주식 수}}{\text{증자 후 주식 수}}$$

$$\text{주식배당 배당락 기준가격} = \text{배당부 종가(전일 종가)} \times \frac{\text{배당 전 주식 수}}{\text{배당 후 주식 수}}$$

유상증자도 권리락 기준 가격이 조정되는데, 이 책의 주된 투자 대상이 아니라 생략한다.

무상증자로 가격이 50% 하향 조정되었다고 해도 너무 걱정하지 마시라. 첫째, 권리락된 이후 1달 정도 이내 무상증자된 주식이 입고될 예정이다.

둘째, 가격이 50% 하향 조정되었어도 실적개선, 고배당, 우량한 재무비율 등 무상증자를 한 회사 특성상 향후 가격 상승 가능성이 높다.

무상증자에 따른 권리락 가격 조정 사례

효성오앤비(주) 권리락(무상증자)
KOSCOM | 2018.04.20

권리락					
1. 회사명	2. 주권종류	3. 단축코드	4. 기준가(원)	5. 권리락 실시일	6. 사유
효성오앤비	보통주식	A097870	11,650	2018-04-23	무상증자

효성오앤비는 2주당 1주의 신주를 주는 무상증자를 실시한 결과 2018년 4월 20일(금) 권리부 주가인 1주당 17,000원이 권리락일인 2018년 4월 23일(월) 11,650원으로 조정되었다.

배당, 무상증자 등 호재 뉴스에 특히 귀 기울이자

호재와 악재 뉴스에 밝아야 투자에 성공한다. 호재 뉴스인 배당, 무상증자, 유상감자 뉴스는 스크린한다. 특히 배당은 배당금과 현 주가를 비교해서 시가배당률을 점검해본다. 고배당 주식은 투자 1순위다.

무상증자도 무상증자 원인과 향후 실적, 그리고 저평가 여부 등을 분석해보자.

넷째 날

악재 뉴스에 대해
공부하자

퇴출 신호, 관리종목 지정과 상장폐지	관리종목 지정은 상장폐지 직전 단계다. 상장폐지 될 수도 있기에 악재다. 상장폐지가 결정되면 7영업일간 정리매매 후 거래소에서 사라진다.
실적악화와 감사의견 거절	코스닥 상장사는 5년 연속 영업손실이면 상장폐지 될 수 있다. 회계법인은 회계장부 감사 후 적정, 한정, 부적정, 의견거절 중 하나를 낸다. 감사의견 거절은 상장폐지 사유다.
작전세력 이탈, 투자경고(위험)종목 지정	투자경고(위험)종목, 소수지점(계좌) 과다종목, 단기과열 완화장치는 이상급등에 대한 시장경고다. 급등주에겐 매도 사인이다. 시장경고에 거래량이 급등하면 세력이 빠져나가는 거다. 욕심을 버리고 매도하는 것이 바람직하다.
불량기업 낙인, 불성실공시 법인 지정	공시의무를 소홀히 하면 불성실공시 법인 지정과 벌점이 부과된다. 유가증권시장은 2년 연속 누계벌점 15점, 코스닥은 1년 누계벌점 15점이면 상장폐지 사유다.
주가 하락 베팅, 공매도의 증가	기관투자자, 외국인 등이 미리 주식을 빌려 파는 공매도 증가는 주가 하락 시그널이다. 공매도 이후 주식을 싸게 되사서 돌려주는 숏커버는 호재다.
투자 과열 경고음, 신용융자 잔고 증가	신용융자는 주식매수자금을 빌려주는 것으로 현금 또는 보유주식을 담보로 한다. 보유주식 담보가치인 대용증권은 60~80% 인정한다. 만기까지 빌린 자금을 갚지 못하거나 담보가치 하락에 따라 부족분을 못 채우면 반대매매된다.
주가 하락을 부르는 주식관련사채 발행	주식관련사채에는 전환사채(CB), 신주인수권부사채(BW), 교환사채(EB)가 있으며 이자와 주식을 교부받을 권리를 준다. 기존 주주에게 주식관련사채는 주식 수 증가로 악재다. 최초 정해진 주식교부가액은 리픽싱(가격 조정) 조항 때문에 하향 조정될 수 있다. 리픽싱 이후 주식 수가 더 늘어나니 추가 악재다.
투매가 투매를 부른다	로스컷, 공매도, 반대매매 등 투매가 투매를 부르는 악순환 반복이다. 서킷브레이커스를 평소 관심 대상 저평가주 매수 기회로 삼자.
호재 없이 오르는 부실회사 악재공시	부실 회사를 이유 없이 급등시킨 다음 유상증자, 주식관련사채 발행과 주식교부 신청 등 악재를 공시하는 경우가 많다. 부실 회사에 주가급등 이유를 모르면 투자하지 말자.
위기가 기회, 최대주주 모럴해저드	최대주주, 임직원 등 내부자 매도는 주가 정점을 암시해 악재다. 최대주주 윤리 문제는 악재지만, 독점 기술력이 있다면 투자 기회다.

퇴출 신호, 관리종목 지정과 상장폐지

> 1. 관리종목 지정은 상장폐지 될 수 있다는 경고로 주가에 악재다. 상장
>   폐지 되면 투자금을 거의 날리게 된다.
> 2. 정리매매 7영업일 동안 주가급등 요행수는 생기기 어렵다.
> 3. 건강한 회사에 투자하는 게 정답이다.

관리종목 지정은 악재다

관리종목은 군대로 치면 관심사병이다. 관심사병은 사고를 일으킬
소지가 많아 요주의 병사다. 거래소가 상장폐지 우려 요주의 종목으
로 관리하겠다는데 그 기업이 좋을 리 없다. 실제로 관리종목에서 상

장폐지로 넘어가는 경우도 많다. 관리종목 지정은 주가에 악재다.

　주식 매수를 하면 2영업일(T+2일) 이후 결제가 된다. 2영업일 후의 결제 불이행을 막고자 주식 매수시점(T일)에 보증금 성격의 위탁증거금이 있어야 한다. 가령 위탁증거금률이 40%라면 1,000만 원어치 주식 매수시점(T일)에 400만 원 이상 보증금이 있어야 한다. 보증금 400만 원 외 600만 원은 2영업일 후인 결제일(T+2일)에 납부하면 된다. 만일 600만 원을 납부하지 못하면 미수금 처리가 되며 증권사는 결제일 익일(T+3일) 장 시작과 동시에 시장가로 반대매매(증권사 강제 일괄 매도 행위)해서 미수금을 회수한다. 미수금이 발생되면 30일 간 본인의 모든 계좌가 미수동결계좌가 되어 위탁증거금을 100% 납부해야 한다.

　현금에 갈음해 보유주식 등을 위탁증거금으로 인정해주는 데 이를 대용증권代用證券, Substitute Securities이라 부른다. 주가 변동성 때문에 보유주식의 60~80% 정도 가치를 인정해준다. 보통은 70%를 적용하되, 일평균 거래대금 기준 상위 50%는 80%, 하위 5%는 60% 등으로 비율은 거래소가 정한다. 가령 보유주식 가치가 1,000만 원이면 대용증권 인정 가액은 종목에 따라 600만~800만 원 사이에서 결정된다. 개인투자자의 신용거래는 주식을 빌리는 대주와 주식매수 자금을 빌리는 신용융자로 구분된다. 대용증권은 신용거래 보증금 성격으로도 활용된다.

　관리종목은 투자경고(위험)종목과 마찬가지로 투자 위험성이 크기에 위탁증거금을 100% 납부해야 한다. 대용증권으로 인정되지도 않고, 신용거래도 제한된다.

유일한 호재는 관리종목 탈피다. 관리종목을 탈피하면 단기적으로는 큰 폭으로 상승한다. 다만, 관리종목 탈피만으로 우량회사가 되었다고 확언하기는 어렵다. 코스닥 상장사는 4년 연속 영업손실이면 관리종목 지정, 5년 연속이면 상장적격성 실질심사 대상으로 상장폐지 될 수 있다. 4년 연속 영업손실로 관리종목에 지정된 후 상장폐지를 면하기 위해 일회성 영업이익을 낼 수 있기 때문이다. 일단은 '요주의 대상'을 면했기에 좀 더 지켜볼 필요가 있다.

상장폐지 되면 투자금을 거의 날리게 된다

투자자에게 악재인 상장폐지, 무상감자, 유상증자, 당기순손실. 이 중 가장 타격이 큰 것은 상장폐지다. 상장폐지가 되면 투자금 대부분을 잃는다. 상장폐지 후 회사가 다시 좋아지면 재상장할 수 있겠으나 현실적으로 거의 불가능하다. 주요 상장폐지 사유로는 매출액, 시가총액, 거래량, 지분 분산, 감사의견 등 요건의 기준 미달, 지속적인 영업손실, 자본잠식, 불성실공시 과다, 최종부도 등이다. 특히 최종부도, 감사의견 거절 등은 사전 예고 없이 공시되는 경우가 많다. 상장폐지 결정 후 이의제기 기간을 주나 형식적인 절차일 뿐이다. 상장폐지 공시 후 정리매매 전까지는 거래가 정지된다.

상장폐지 된 회사들의 상당수는 완전히 망해서 청산 절차를 밟기도 한다. 우리는 관리종목이나 상장폐지 될 종목을 매수하지 않는다.

관리종목과 상장폐지 지정 사유는 거래소 홈페이지에 자세히 나와 있다.

정리매매 7영업일 동안 요행수는 어렵다

정리매매는 매 30분 단위로 단일가 매매가 이루어지는데 상·하한가는 없다. 변동성이 매우 큰 폭탄 돌리기 게임이다. 과도한 욕심 덕분에 그 폭탄을 7영업일 안에 팔지 못해 결국은 장렬하게 전사한다. 30분 단위 거래인 정리매매는 매수매도 한쪽으로 쏠림 현상도 특히 심하다. 정리매매 후반부엔 매도 쏠림이 심해져 팔기가 어렵다. 그래도 가끔 비정상적인 상승이 나타나기에 겁 없는 단타 투기꾼들이 몰린다.

상장폐지는 사람으로 치면 심정지다. 심정지가 오기 전에 분명히 힘들다고 한다. 관리종목 지정, 불성실공시 법인 과다 지정, 최대주주 또는 대표이사의 횡령, 잦은 최대주주 교체, 주식관련사채 발행 남발, 실적과 재무비율 악화 등 부실기업들이 힘들다는 신호를 보낸다. 그런데도 그 신호를 인지하지 못하거나 무시하면 심정지다.

이 책에서 분석한 종목분석 방법대로 한다면 상장폐지는 다른 나라 이야기다. 상장폐지의 괴로움을 겪어본다면 우량회사 투자가 정답임을 백번 공감하게 된다.

초보 투자자
기초 지식 쌓기

첫째 날

둘째 날

셋째 날

넷째 날

다섯째 날

부록
돈 버는 투자 습관

관리종목 지정 및 상장폐지 요건

항목	유가증권시장	
	관리종목 지정 사유	상장폐지 사유
매출액	최근연도 50억 원 미만	2년 연속
자본잠식	최근연말 자본잠식률 50% 이상	① 2년 연속 or ② 최근연말 완전자본잠식
주가	액면가 20% 미달 30일간 지속	관리종목 지정 후 90일간 "연속 10일 & 누적 30일간 액면가 20% 이상"의 조 건을 충족하지 못하는 경우
대규모 계속사업 손실 발생	–	–
장기 영업손실	–	–
시가총액	시가총액 50억 원 미만 30일간 지속	관리종목 지정 후 90일간 "연속 10일 & 누적 30일간 50억 원 이상"의 조건을 충족하지 못하는 경우
감사의견	① 반기보고서 부적정, 의견거절 or ② 감사보고서 감사범위제한으로 인한 한정	① 감사보고서 부적정, 의견거절 or ② 감사보고서 범위제한 한정 2년 연속
거래량	반기 월평균 거래량이 유동주식 수의 1%에 미달	2반기 연속
지분분산	일반주주 200인 미만 or 일반주주 지분 5% 미만	2년 연속
불성실공시	1년간 공시위반 관련 벌점합계 15점 이상	① 관리종목 지정 중 벌점 15점 or ② 관리종목 지정 후 고의, 중과실 공 시의무 위반 → 상장적격성 실질심 사 사유
공시서류	분기 · 반기 · 사업보고서 미제출	① 분기 · 반기 · 사업보고서 2회 연속 미제출 or ② 사업보고서 제출기한 후 10일 내 미제출

항목	유가증권시장	
	관리종목 지정 사유	상장폐지 사유
사외이사등	사외이사/감사위원회 구성요건 미충족	2년 연속
회생절차 개시신청	법원에 회생절차 개시 신청	관리종목 지정 중 회생절차 중단 등 → 상장적격성 실질심사 사유
파산신청	파산신청	법원의 파산선고 결정
기타 (즉시 퇴출)	–	최종부도 또는 은행거래정지
	–	법원의 파산선고 결정
	–	법률에 따른 해산사유 발생 시
	–	주식양도제한 두는 경우
	–	우회상장 시 우회상장 관련 규정 위반 시

관리종목 지정 및 상장폐지 요건

항목	코스닥시장	
	관리종목 지정 사유	상장폐지 사유
매출액	최근연도 30억 원 미만 * 기술성장기업 및 이익미실현기업은 5년간 미적용	2년 연속
자본잠식	Ⓐ 사업연도(반기)말 자본잠식률 50% 이상 Ⓑ 사업연도(반기)말 자기자본 10억 원 미만 ⓒ 반기보고서 미제출 or 부적정, 의견거절, 범위제한 한정	① 최근연말 완전자본잠식 ② Ⓐ or ⓒ로 관리종목 이후 Ⓐ 2회 연속 ③ Ⓑ or ⓒ로 관리종목 이후 Ⓑ 2회 연속 ④ Ⓐ or Ⓑ or ⓒ로 관리종목 이후 ⓒ 2회 연속
주가	–	–
대규모 계속사업 손실 발생	자기자본 50% 이상의 법인세비용차감전 계속사업손실이 최근 3년간 2회 이상 발생 * 기술성장기업 5년, 이익미실현기업 5년간 미적용	관리종목 지정 후 자기자본 50%의 법인세비용차감전 계속사업손실이 발생
장기 영업손실	4년 연속 영업손실 발생 시 * 기술성장기업 미적용	관리종목 지정 후 최근 사업연도 영업손실 → 상장적격성 실질심사 사유
시가총액	시가총액 40억 원 미만 30일간 지속	관리종목 지정 후 90일간 "연속 10일 & 누적 30일간 40억 원 이상"의 조건을 충족하지 못하는 경우
감사의견	반기보고서 부적정, 의견거절, 범위제한 한정	감사보고서 부적정, 의견거절, 범위제한 한정
거래량	분기 월평균거래량이 유동주식 수의 1%에 미달	2분기 연속

항목	코스닥시장	
	관리종목 지정 사유	상장폐지 사유
지분분산	소액주주 200인 미만 or 소액주주 지분 20% 미만	2년 연속
불성실공시	–	1년간 공시위반 관련 벌점합계 15점 이상 → 상장적격성 실질심사 사유

공시서류	분기·반기·사업보고서 미제출	① 분기·반기·사업보고서 2회 연속
		  미제출 or
		② 사업보고서 제출기한 후 10일 내
		  미제출 or
		③ 2년간 3회 분기·반기·사업보고
		  서 미제출

사외이사등	사외이사/감사위원회 구성요건 미충족	2년 연속
회생절차 개시신청	법원에 회생절차개시 신청	관리종목 지정 중 회생절차 중단 등 → 상장적격성 실질심사 사유
파산신청	파산신청	법원의 파산선고 결정
기타 (즉시 퇴출)	–	최종부도 또는 은행거래정지
	–	법률에 따른 해산사유 발생 시
	–	주식양도제한 두는 경우
	–	우회상장 시 우회상장 관련 규정 위반 시

· 기술성장기업: 적자지만 기술가치가 뛰어나면 전문평가기관 기술평가를 받아 상장가능
· 이익미실현기업: 이익이 없어도 시가총액이 일정수준 이상이고 매출 성장성을 갖춘다면 상장가능

출처 : 한국거래소

실적악화와 감사의견 거절

02

---

1. 실적 발표 시즌 관리종목, 상장폐지 종목이 속출한다. 코스닥 상장사
   는 5년 연속 영업손실이면 상장폐지 될 수 있다.
2. 회계법인은 실적에 대한 감사의견을 적정, 한정, 부적정, 의견거절 중
   하나를 낸다. 적정 외 나머지 의견은 문제가 있다.

실적 발표 시즌 관리종목, 상장폐지가 속출한다

상장사 실적은 12월 결산법인(기업회계연도 1월 1일~12월 31일)의 경
우 분기보고서(3월 말, 9월 말 기준 2회), 반기보고서(6월 말 기준), 사업
보고서(12월 말 기준) 총 4회 공시한다. 개별회사 분기와 반기 실적은

해당 시점 종료 후 45일, 연간은 90일 안에 공시해야 한다. 가령 12월 결산법인 사업보고서는 12월 31일 기준 90일 후인 익년도 3월 말(4월 초)까지 공시해야 한다. 그래서 실적 발표 즈음 관리종목, 상장폐지 종목이 속출한다. 모회사(지배회사)와 자회사(종속회사)인 경우 두 회사 실적을 함께 묶어 연결재무제표를 작성한다. 연결기준 분기·반기보고서 최초 제출 시에는 연결공시 최초 사업연도와 그다음 연도에 한해 60일 내 제출이 가능하다.

5년 연속 영업손실이 상장폐지를 부른다

실적 발표 시즌에 꼭 챙겨봐야 할 호재 뉴스로는 실적개선, 당기순이익 증가, 고배당, 악재 뉴스로는 적자전환, 적자심화, 관리종목 지정, 회계법인의 감사의견 거절, 상장폐지 등이다. 적자전환은 회사 가계부가 수익에서 손실로 바뀌었다는 의미다.

유가증권시장(코스피)과 달리 코스닥 상장사에 대해서는 장기 영업손실 상장폐지 기준을 강화했다. 4년 연속 영업손실이면 관리종목 지정, 5년 연속이면 상장적격성 실질심사 대상이 되어 심사 결과에 따라 상장폐지 될 수 있다.

다만 기술성장기업 상장특례 기업은 4년 연속 영업손실이더라도 관리종목으로 지정되지 않는다. 기술성장기업 상장특례는 적자이지만, 기술가치는 매우 뛰어난 벤처회사에 거래소 상장문호를 개방한 제도다. 전문평가기관 중 2개 기관의 기술평가 결과가 일정 등급 이

초보 투자자
기초 지식 쌓기

첫째 날

둘째 날

셋째 날

넷째 날

다섯째 날

부록
돈 버는 투자 습관

상일 경우 기술성장기업으로 상장예비심사 청구 자격을 부여한다.

회계법인은 각 회사에 맞는 감사의견을 낸다

적정의견은 기업 회계 기준에 따라 적정하게 작성된 경우다. 한정의
견은 회계사 감사 범위가 부분적으로 제한된 경우 또는 회계 기준을
따르지 않는 사항이 있지만, 그 내용이 미미한 경우다. 부적정의견은
회계 기준 위배사항이 중대한 경우이며 의견거절은 증거가 충분하지
않아 의견 표명이 불가능하거나 회사 존립이 어려운 경우 또는 회계
사의 독립적 감사 업무가 불가능한 경우다. 감사의견 거절, 부적정, 범
위제한 한정이면 상장폐지된다(단 유가증권시장만 범위제한 한정은 2년
연속인 경우다).

부실한 회사들이 감사의견 거절을 받기 쉽다

감사의견 거절을 받은 회사 대부분이 적자다. 다만, 분식회계를 통해
적자를 흑자로 둔갑시킨 경우도 있어 투자자 입장에서는 어려움이
많다. 감사의견 거절을 미연에 알기도 쉽지 않다. 유상증자와 주식관
련사채 남발, CEO나 최대주주의 횡령, 현금 유동성 부족, 적자 심화,
불성실공시 과다, 4년 연속 영업손실 등은 감사의견 거절 징후이니
이런 기업은 피하자. 이 책에서 권하는 대로 분석하고 투자한다면 감
사의견 거절 회사를 만날 가능성이 작으므로 참 안전한 투자법이다.

초보 투자자 기초 지식 쌓기

첫째 날

둘째 날

셋째 날

넷째 날

다섯째 날

부록 돈 버는 투자 습관

03

작전세력 이탈, 투자경고(위험)종목 지정

> 1. 투자경고종목, 투자위험종목은 단계별 주가급등 위험경고로 강력한 매도 사인이다.
> 2. 투자경고(위험)종목의 적정 매도일, 매도가격을 계산할 수 있다.
> 3. 소수지점(계좌) 매수관여 과다종목, 단기과열 완화장치 공시는 악재다.

투자경고(위험)종목은 단계별 주가급등 위험경고다

투자주의, 투자경고, 투자위험은 주가급등에 대한 단계별 위험경고다. 축구로 치면 투자주의는 구두주의, 투자경고는 옐로카드, 투자위험은 레드카드라 하겠다. 복잡하면 주의, 경고, 위험의 첫 글자만 따서

'주경위'로 외우자. 주가급등에 따라 투자주의, 투자경고, 투자위험 순으로 경고가 강화된다. 반대로 주가급등이 멈추면 역순으로 투자위험, 투자경고, 투자주의 순으로 완화된다. 종가급변, 상한가 잔량 과다 등 투기적이거나 불공정거래 개연성이 있으면 시장경보 초기 단계인 투자주의 종목으로 지정된다. 1일간만 지정되며 익일에는 해제된다.

투자경고종목 지정예고 요건

구분	요건(거래일 기준)
초단기 급등	당일 종가가 3일 전날의 종가보다 100% 이상 상승
단기 급등	당일 종가가 5일 전날의 종가보다 60% 이상 상승
중장기 급등	당일 종가가 15일 전날의 종가보다 100% 상승
투자주의종목 반복 지정	최근 15일 중 5일 이상 투자주의종목으로 지정되고 당일 종가가 15일 전날의 종가보다 75% 이상 상승
단기 급등 & 단기 불건전 요건	당일 종가가 5일 전날의 종가보다 45% 이상 상승하고 단기 불건전 요건* 중 하나에 해당
중장기 급등 & 중장기 불건전 요건	당일 종가가 15일 전날의 종가보다 75% 이상 상승하고 중장기 불건전 요건* 중 하나에 해당
투자경고종목 재지정	투자경고종목에서 지정해제된 모든 종목에 대해 재지정 예고

공통사항 : 해당일 종가가 최근 15일 종가 중 최고가인 경우에 한함(다만, 투자경고종목 재지정은 제외)

* 단기(중장기) 불건전 요건(이하 동일)
① 최근 5일(15일) 중 전일 대비 주가가 상승하고 동일 계좌가 일 중 전체 최고가 매수 거래량의 10% 이상을 매수한 일수가 2일(4일) 이상
② 최근 5일(15일) 중 특정계좌(군)의 시세영향력을 고려한 매수 관여율이 5% 이상인 일수가 2일(4일) 이상
③ 최근 5일(15일)간 일 중 특정계좌의 매수 거래량과 매도 거래량이 98% 이상 일치하는 계좌 수(거래량 5,000주 이상) 비중이 전체 거래계좌수의 5% 이상

출처: 한국거래소

투자경고종목 지정은 먼저 지정예고 공시가 먼저 나간다. 일단 당일 종가가 최근 15거래일 중 최고가이면서 1) 당일 종가가 3거래일 전 대비 100% 상승, 2) 5거래일 전 대비 60% 상승, 3) 15거래일 전 대비 100% 상승 등(세 가지 요건 중 어느 하나 충족) 이상급등하면 투자경고종목 지정예고가 나간다. 지정예고일부터 10거래일 내 또다시 급등하면 투자경고종목으로 지정된다.

투자경고종목 지정일로부터 10거래일 이후 주가가 1) 5거래일 전 종가 대비 60% 미만 상승, 2) 15거래일 전 종가 대비 100% 미만 상승, 3) 15거래일 종가 중 최고가가 아닐 경우 등(세 가지 요건 모두 충족)이면 투자경고종목에서 해제된다. 투자경고(위험)종목으로 지정되면 매수시점에 위탁증거금을 100% 납부해야 한다. 투자경고(위험)종목은 신용거래가 제한되며 대용증권으로도 사용되지 못한다. 투자위험종목으로 지정되면 1일간 매매거래가 정지되며 추가로 급등하면 더 정지될 수도 있다. 투자경고종목도 이상급등이 심하면 매매 정지될 수 있다.

투자경고(위험)종목 사유가 너무 복잡하고 어렵다면 군이 외울 필요는 없다. 가끔 필요하면 찾아볼 수 있게 잘 보이는 곳에 붙여두면 된다. 한국거래소 홈페이지 상단 '시장감시' 메뉴를 클릭하면 관련 내용이 잘 정리되어 있다.

초보 투자자
기초 지식 쌓기

첫째 날

둘째 날

셋째 날

넷째 날

다섯째 날

부록
초 보 는 투 자 습 관

투자경고종목 지정(예고)은 강력한 매도사인이다

투자경고(위험)종목 지정예고와 지정은 악재다. 급등주는 대출받은 단기자금으로 과다 거래를 일으켜 주가를 밀어 올린 경우다. 투자경고(위험)종목으로 지정되면 더 이상 빚으로 투자할 수 없기에 거래량이 줄어든다. 거래량이 줄면 급등락 출렁임이 어려워 단타들에게는 매력이 반감된다. 그동안 수익 본 단타꾼들이 다른 종목으로 이사 간다.

　투자경고종목 지정예고는 작전 및 단타들에게 절대적인 매도사인이다. 매도사인이 뜨면 물량 정리를 위해 대규모 거래를 일으킨다. 세력은 보유 물량을 고가에 떠넘기고 유유히 빠져나간다. 보통의 경우 투자경고종목 지정 예고일과 지정일 전후에 가장 큰 거래량이 발생한다. 간혹 예측과 달리 강한 매수세로 투자위험까지 밀어 올린다. 그 요행수 덕분에 눈먼 돈들이 투자경고 빨간불에도 들어온다.

　급등주 매도 디데이는 투자경고 지정예고 또는 지정일이다. 이왕이면 지정예고에 매도하는 게 속 편할 수 있다. 매수세가 약하면 투자경고 지정예고에 서둘러 세력들이 빠져나가는 경우도 많다. 확률적으로 투자경고 이후 투자위험종목까지 가는 경우보다 급락하는 경우가 훨씬 많다. 혹시 모를 요행수는 정말 강심장에게 넘기고 그동안 수익에 만족해도 된다.

투자경고(위험) 지정(예고)일을 미리 계산할 수 있다

투자경고 지정(예고) 주가는 미리 계산 가능하다. 엑셀로 계산식을 한 번 만들어두면 오래도록 활용할 수 있다. 투자경고 지정예고만 해도 1)당일 종가가 3거래일 전 대비 100% 상승, 2)5거래일 전 대비 60% 상승, 3)15거래일 전 대비 100% 상승 등이다. 직접 3거래일 전, 5거래일 전, 15거래일 전 가격 대비 지정(예고) 주가를 계산해보면 매도 시점 결정이 쉬워진다. 예를 들면 급등주인 A종목의 투자경고 지정 가격이 1만 원이라 계산된다면 경우의 수들을 상상해볼 수 있다. 가령 1안 1만 원이 넘는 순간 팔겠다. 2안 좀 더 안전하게 투자경고 지정 전 가격인 9,900원대에 팔겠다 등 매도 시점을 정하면 된다.

소수지점(계좌) 매수관여 과다종목,
단기과열 완화장치 공시는 악재다

소수지점(계좌) 매수관여 과다종목은 시가총액이 작거나 유통주식이 적은 품절주 등에서 많이 발생한다. 몇 안 되는 소수 투자자가 주가왜곡을 일으킨다. 거래소는 시장감시 자동시스템을 통해 이를 발견한다. 관련 공시가 뜨면 작전세력이 만천하에 드러났으니 주가 왜곡을 하지 못한다. 주가도 원래 위치로 돌아갈 가능성이 높아 관련 공시는 악재다.

거래소는 주가 상승률, 평균 회전율, 하루 중 변동성 등을 기준으로 이상급등 과열이면 단기과열 완화장치 발동 예고 후 10거래일 내 추가 과열 시 발동한다. 이 조치를 받으면 3거래일 동안 30분 단위 단일가 매매 방식을 적용받는다. 30분 단위로 매매가 되다 보니 매매가 자유롭지 않아 작전세력 입장에서 매력도가 떨어진다. 단기과열 완화장치 발동일 전일 대비 20% 이상 상승이면 3거래일이 더 연장될 수도 있다. 자세한 세부 기준 등은 거래소 홈페이지 '규정/제도-매매거래제도'에서 확인하기 바란다.

투자경고(위험)종목 등으로 지정된 다음에 뒷북 매수하는 악수를 두지 말자

투자경고(위험)종목, 소수지점(계좌) 매수관여 과다종목, 단기과열 완화장치 종목은 급등주라서 회사가치 대비 고평가인 경우가 많다. 특히 당기순손실인데도 급등한 테마주도 많다. 급등 초기 저점매수가 아니라면 위험한 선택이다. 급등 최고 정점에 세력이 버린 주식을 매수하는 악수惡手를 둘 수 있다.

투자경고(위험) 해제를 호재라 생각하지 말자. 대부분 급등주들은 투자경고(위험) 해제 이후까지 호재 뉴스가 지속되지 않는다. 호재가 없다면 이미 보유 물량을 털고 다른 종목에서 바쁜 세력들이 짧은 기간 안에 다시 돌아오기란 쉽지 않다. 한 번 우려낸 한약을 다시 한번 우려내기란 쉽지 않다는 것과 같은 이치다.

04

불량기업 낙인,
불성실공시 법인 지정

초보 투자자
기초 지식 쌓기

첫째 날

둘째 날

셋째 날

넷째 날

다섯째 날

부록
돈 버는 투자 습관

1. 공시는 기업 속사정을 알려주는 정보공개 행위로 공시와 친해지자.
2. 공시의무 미이행 시 불성실공시 법인으로 지정되고 벌점이 부과된다.
3. 불성실공시 법인도 누계 벌점이 과다할 경우 상장폐지 될 수 있다.

공시는 기업 속사정을 알려주는 정보공개 행위다

공시는 기업 내부정보를 공개하는 행위다. 정기공시는 정기적인 안
내 사항으로 사업보고서, 반기(분기)보고서 등이 있다. 수시공시는 영
업양도, 증자, 감자, 자사주 매입 등 경영상 중요사유 발생 시마다 안
내하는 사항이다. 조회공시는 풍문, 주가급등 등 거래소 답변 요구에

응답하는 제도다. 공정공시는 기관투자자 등 특정인에게 장래계획, 실적전망 등을 선별적으로 제공하고자 하는 경우 그 특정인에게 제공하기 전 알려주는 제도다.

공시의무를 불이행하면 불성실공시 법인으로 지정된다

공시의무를 이행하지 않는 경우로는 1) 공시불이행, 2) 공시번복, 3) 공시변경이 있다. 이들 법인을 불성실공시 법인으로 지정하고 벌점, 부과금, 매매정지 등 각종 불이익을 준다. 1) 공시불이행은 기한 내 신고하지 않거나 거짓(잘못)으로 공시하는 경우이고 2) 공시번복은 이미 공시한 내용을 전면취소, 부인하는 경우이며 3)공시변경은 기 공시한 내용 중 중요 부분을 변경하는 경우다.

불성실공시 법인엔 벌점이 부과된다. 벌점은 불성실공시 경중에 따라 점수가 다르다. 한 번에 최대 14점(코스닥 12점)까지 부과할 수 있다. 유가증권시장 10점 이상(코스닥 8점) 벌점이면 하루 동안 매매가 정지된다. 벌점 누적으로 상장폐지(상장적격성 실질심사)도 될 수 있으니 주의하자. 유가증권시장의 경우 1년 이내 누계벌점 15점 이상이면 관리종목, 그 후 1년 내 누계 15점이 추가되면 상장폐지 될 수 있다. 코스닥은 더 엄격해 1년 이내 누계벌점 15점이면 바로 상장폐지 될 수 있다.

주가 하락 베팅, 공매도의 증가

05

초보 투자자 기초 지식 쌓기

첫째 날

둘째 날

셋째 날

넷째 날

다섯째 날

부록 돈 버는 투자 습관

1. 공매도는 주식을 빌려서 파는 행위로 주가 하락 예상 시 구사한다.
2. 공매도 이후 빌린 주식을 갚기 위해 주식을 되사는 숏커버는 호재다.
3. 숏커버를 노리기보다 공매도 증가 종목은 피하는 게 상책이다.

대차잔고는 공매도 선행지표다

공매도의 공空은 비어 있다는 의미로, 공매도는 보유하지 않는 주식을 빌려서 파는 행위다. 빌리는 행위로는 대주와 대차가 있는데 대주는 개인투자자, 대차는 외국인, 기관투자자 등이 한다. 대주나 대차 모두 주식으로 빌리고 주식으로 갚아야 한다. 다만 공매도는 자금력이 부

족한 개인보다 외국인, 기관투자자들이 주로 하므로 대차잔고가 증
가하면 공매도 증가를 예상한다. 대차잔고는 공매도 선행지표로 활
용된다. 공매도가 심한 종목은 거래소가 공매도 과열종목으로 지정
해 하루 동안 공매도를 금지시킨다. 네이버는 쉽게 공매도를 확인할
수 있도록 매일 공매도 통계를 보여주고 있다. 개인투자자는 본인 주
식을 공매도용으로 빌려줄 수 있다. 증권사에 주식 대여 서비스를 신
청하면 주식을 빌려주고 이자를 받는다.

네이버금융 주식 공매도 현황 화면

네이버금융에서 해당 종목 섹션으로 들어가 '공매도 현황'을 클릭하면 그 종목의 공매도 종합 현황을
알 수 있다.

공매도는 주가 하락을 예상할 경우 구사하는 방법이다

향후 주가 하락을 예상하면 공매도를 한다. 공매도는 비싼 가격에 주식을 빌려서 팔고 싸게 사서 갚는 전략이다. 가령 1만 원에 빌려서 공매도하고 8,000원에 사서 갚으면 2,000원이 수익이다. 공매도 세력은 기를 쓰고 주가를 내리려 한다. 셀트리온이 코스닥시장에서 유가증권시장으로 이전하려는 이유가 공매도 때문이라고 과거 밝힌 걸 보면 공매도가 주가 하락에 상당한 영향을 미치고 있다. 다만 공매도의 주된 주체는 외국인, 기관투자자이므로 셀트리온처럼 코스닥에서 코스피로 옮긴다고 공매도가 줄어들진 않는다.

대한민국 주식시장은 매매하고 2영업일 후(T+2일) 결제다. 유·무상증자, 주식관련사채 주식교부 등으로 신규 상장되는 경우 상장 2영업일 전부터 권리공매도가 가능하다. 신규 상장 주식이 외국인, 기관 등의 물량이라면 상장 2영업일 전 외국인, 기관 등의 매도여부를 사전 확인해볼 수 있다. 그들의 신규 물량이 전부 매도되었다면, 급락을 멈추고 단기 상승할 수 있다.

공매도가 증가한 주식에게 숏커버는 호재다

매도는 주식으로 빌리고 주식으로 갚는다. 주식 매도를 영어로 숏Short이라 한다. 공매도 세력도 빌린 주식을 갚기 위해 재매수해야 하는데 이를 숏커버Short Cover라 한다. 공매도가 재매수하는 숏커버 이후 주가는

초보 투자자
기초 지식 쌓기

첫째 날

둘째 날

셋째 날

넷째 날

다섯째 날

부록
돈 버는 투자 습관

반등한다. 대주는 증권사별로 차이가 있을 수 있으나 통상적으로 60일 이내 상환하는 경우가 많다. 대차는 당사자 간 합의에 따라 상환기간을 정할 수 있다. 다만, 대여자가 중도상환을 요구하면 상환해야 한다.

숏커버를 노리기보다 피하는 게 상책이다

일단 공매도에 노출되는 건 악재다. 삼성전자는 2018년 5월 실시한 액면분할 호재에도 불구하고 풍부한 유동성을 활용한 공매도 세력 때문에 주가 상승에 애를 먹었다. 주가가 내렸다고 숏커버를 고려한 주식투자는 위험할 수 있다. 그동안 내린 주가가 공매도 끝이라 생각할 수도 있지만, 공매도 끝은 생각보다 깊을 수 있다. 초보 투자자라면 공매도 과열 종목은 피하는 게 상책이다.

투자 과열 경고음, 신용융자 잔고 증가

초보 투자자 기초 지식 쌓기

첫째 날

둘째 날

셋째 날

넷째 날

다섯째 날

부록 돈 버는 투자 습관

1. 신용융자는 증권사가 고객에게 주식 매수자금을 빌려주는 것이다. 보통 현금 또는 보유주식을 담보로 잡는다.
2. 담보가치가 하락하면 부족분을 채워야 하고 못 채우면 반대매매 된다.
3. 신용융자 잔고 증가는 주가급락 시 반대매매로 출현할 잠재적인 매물 폭탄이다.

신용융자는 보유주식을 담보로 현금을 빌리는 것이다

개인투자자의 신용거래라 하면 보통 대주와 신용융자를 말한다. 대주는 주식을, 신용융자는 주식 매수자금을 빌리는 것이다. 현금 또는 보유주식을 담보로 한다. 신용융자 이자율은 증권사마다 차이가 있긴 하나 4~5%대로 점차 낮아지는 추세다. 일반적으로 90일 정도의 대출기한 안에 원리금을 갚아야 한다. 신용융자 만기일까지 빌린 금액을 갚지 않을 경우 반대매매 될 수 있다.

신용융자 잔고 증가는 잠재적 매물 폭탄이다

신용융자의 경우 주가 하락으로 인해 계좌의 모든 담보가치가 융자액의 140~160% 아래로 내려가면 증권사는 부족분을 채우도록 요청한다. 가령 400만 원 보증금과 600만 원 신용융자로 1,000만 원어치 주식을 매수한 경우 융자액 600만 원의 140%인 840만 원 미만으로 담보가치가 하락하면 증권사가 부족분을 채우도록 요청하게 된다.

만약 정해진 기한 내 부족분을 못 채우면 익일 오전 9시 증권사는 시장가로 매도해 대출금을 회수한다. 이를 반대매매라고 한다. 반대매매는 1) 고객이 증권사로부터 빌린 돈을 만기 내에 못 갚거나, 2) 빌린 돈에 대한 담보 부족분을 충족하지 못하는 경우, 3) 미수금 처리되는 경우에 증권사가 고객 의사와 관계없이 주식을 강제로 일괄매도하는 행위다.

대차(기관투자자가 주식 차입) 잔고와 함께 신용융자 잔고 증가는 악재다. 물론 신용융자 잔고 증가는 단기적으로는 매수세 증가로 증시에 호재일 수도 있으나, 길게 보면 과한 버블을 일으켜서 잠재적 매물 폭탄을 야기한다. 조그마한 돌발악재에도 매도 물량이 동시에 출현

하는 악순환이 반복된다. 돌발악재에 대용증권 담보가치 하락분을 끝내 채우지 못한 물량이 시장가로 한꺼번에 반대매매 될 수 있다. 이는 주가 급락으로 이어져 담보가치 하락분을 더 증가시킨다. 결국 투매가 또 다른 투매를 부르는 것이다. 신용융자 잔고 증가추이가 마냥 즐거운 일만은 아니다.

깡통계좌는 빌린 주식 매수자금(융자금) 이하로 자산 가치가 떨어진 계좌다. 계좌가 깡통이 되었으니 아파트나 자동차가 차압될 수 있다. 초보 투자자라면 신용융자는 조심하자. 투자 전문가가 되기 전까지는 보유 현금 범위 내에서만 투자하는 안전한 투자법을 실천하자.

초보 투자자 기초 지식 쌓기

첫째 날

둘째 날

셋째 날

넷째 날

다섯째 날

부록 돈 버는 투자 습관

07

주가 하락을 부르는
주식관련사채 발행

---

1. 주식관련사채는 이자, 주식교부 청구권, 리픽싱 조항까지 회사와 사채 투자자만 좋다.
2. 기존 주주에게는 시가총액에 포함되지 않은 잠재적 매물 폭탄으로 악재다.
3. 신주인수권증권도 HTS(MTS)에서 거래된다. 만기시점에 신주인수권 증권을 행사할 수 없다면 투자금을 손해 볼 수 있으므로 주의하자.

주식관련사채 투자자만 꿩 먹고 알 먹는 일석이조 투자다

주식관련사채는 회사채와 주식을 합쳐놓아 사채 투자자에게는 꿩 먹고 알 먹는 투자다. 회사채이므로 정해진 이자와 만기에 원금을 되돌려 준다. 주식교부도 가능한데 미리 정한 교부요청 금지기간(가령 1~2년 등)이 지나면 언제든 요청 가능하다. 주식교부 요청은 투자자 자율 선택사항이다. 1) 현재 주가 대비 교부가액(행사가격)이 훨씬 높다면(현재주가＜교부가액) 주식교부 신청을 안 하고 만기까지 가져간다. 고위험 부담을 지는 대신 주식교부로 고수익을 얻는 매우 공격적인 투자법인데 만기까지 보유는 매력적이지 않다. 부실기업에 장기간 돈이 묶이고 부도 위험도 견뎌야 한다. 2) 반대로 현재 주가보다 낮으면(현재주가＞교부가액) 주식교부 신청을 통한 수익실현 욕구가 샘솟는다.

계약에 따라 만기 이전에 투자자가 조기상환을 청구할 수도, 발행회사가 중도상환 할 수도 있는 조건이 붙기도 한다.

발행회사 입장에서는 유상증자가 이자와 원금 반환의무가 없기에 훨씬 매력적이다. 그런데도 주식관련사채를 발행하는 이유는 그렇게라도 해야 투자를 받을 수 있어서다. 이자율은 상대적으로 우량회사라면 연간 0~1%까지 가능하나 부실회사는 연간 8~9% 이상으로 이자 내기도 버겁다. 주식관련사채 발행은 공시의무사항이므로 금감원 다트에서 확인하자.

투자 가치 대비 시가총액이 크다 생각되면 투자자 측에서 무상감자 후 발행을 요구하기도 한다. 무상감자로 인해 기존 최대주주 지분이 낮아져 심하면 경영권을 위협받는다.

주주에 대한 전환사채, 신주인수권부사채 발행은 정관에서 주주총회에서 하도록 정하지 않는 한 이사회 권한이며 제삼자에 대한 발행

초보 투자자
기초 지식 쌓기

첫째 날

둘째 날

셋째 날

넷째 날

다섯째 날

부록
돈 버는 투자 습관

은 정관에 특별한 정함이 없다면 주주총회 특별결의를 통해서 가능하다. 주주총회 특별결의를 통과하지 못해 발행되지 못하는 경우도 발생할 수 있다.

신주인수권부사채, 전환사채, 교환사채에 대해 이해하자

주식관련사채는 신주인수권부사채Bond with Warrant, 전환사채Convertible Bond, 교환사채Exchangeable Bond가 있다.

신주인수권부사채BW는 발행회사 신주를 받을 권리가 부여된 채권으로 채권과 신주인수권증권(신주 받을 권리를 부여한 증권)으로 나누어진다. 채권과 신주인수권증권을 한꺼번에 거래해야만 하는 일체형과 따로 분리할 수 있는 분리형이 있다. 분리형의 경우 발행회사가 조기 부채상환을 해도 채권자에게 신주인수권증권 행사 권리는 남는다. 채권자는 신주인수권증권만 분리해 타인에게 매도할 수 있다. 결국 회사 측에서 신주인수권증권까지 매입하지 않으면 신주 발행을 막을 수 없게 된다.

전환사채CB는 발행회사 보통주로 전환될 권리(신주 전환권)가 있는데 주식으로 전환되면 채권은 소멸한다. 반면에 신주인수권부사채는 신주인수권증권을 행사한 후에도 채권은 유지된다. 그 결과 전환사채는 (채권이 주식으로 바뀌었기에) 별도의 주식 전환대금이 필요 없으나 신주인수권부사채는 (만기에 돌려받을 채권이 유지되므로) 주식인수대금이 추가로 필요하다.

교환사채$_{EB}$는 발행회사가 '기존에 보유한 주식'으로 교환할 권리가 있다. 전환사채나 신주인수권부사채는 신주를 발행하지만 교환사채는 발행회사가 보유한 주식(다른 회사가 발행한 주식 또는 자기 회사가 발행한 주식)으로 교환한다. 교환사채를 발행하는 회사는 신주인수권부사채나 전환사채를 발행하는 회사보다는 상대적으로 양호한 회사이며, 발행 조건도 두 가지 사채보다 이자나 교환가액 등에서 훨씬 유리하다. 주식관련사채 투자를 주된 목적으로 탄생한 메자닌 펀드 Mezzanine Fund도 있다. 위험부담을 크게 지는 만큼 고수익이 가능해 강남 부자들에게 인기가 많다.

▶ 메자닌 펀드
메자닌은 건물 1층과 2층 사이에 있는 라운지 공간을 의미하는 이탈리아어로 채권과 주식 사이 중간 위험 단계에 있는 후순위채권, 전환사채, 신주인수권부사채, 교환사채 등 주식관련채권에 투자한다.

주식관련사채는 시가총액에 미포함된 매물 폭탄이다

주식관련사채는 주식으로 전환될 권리가 있지만 성격은 부채인 회사채로 주식교부 전까지는 주식이 아니다. 주식교부 전에는 부채이기에 시가총액(주가×주식 수)에 포함되지 않는다. 주식관련사채 발행기업 시가총액은 반드시 주식교부 예정 주식까지 포함해야 한다. 특히 다음에 설명할 리픽싱 조항이 있다면 리픽싱 후 가격기준으로 교부 물량을 계산해야 한다.

주식관련사채는 최초 계약시점에 주식교부가액(행사가격)을 정한다. 다만 공시를 보면 주가가 내릴 경우 최초 정한 가격을 하향 조정할 수 있는 리픽싱 조항이 있는 경우가 대부분이다. 리픽싱은 보통 3개월 단위로 최초 정해진 가격에서 70%까지 하향 조정할 수 있다. 가격이 하향 조정되면 당연히 교부될 주식 수가 늘어난다.

예를 들면, 14만 원어치 전환사채를 발행했다 치자. 최초 정해진 전환가격은 1만 원으로 총 14주가 전환될 수 있다. 그런데 7,000원으로 리픽싱 된다면 전환될 수 있는 주식 수가 20주로 6주 더 늘어난다. 보통의 경우 리픽싱 완료 전까지는 주가가 하염없이 내린다. 3개월 단위 조정 기준일에는 인위적인 단기 급락도 온다. 리픽싱이 완료되면 언제 급락했냐는 듯 이유도 없이 연일 주가급등이다. 주가를 최대한 끌어올린 뒤 고가에 물량 폭탄을 투하하기 위한 작전이다. 전환사채 신주전환 등을 급등 정점에 신청한다. 주식교부 신청 공시가 발표되면 연일 주가는 급락한다. 고가에 입성한 단타 피해자만 큰 손해를 맞본다.

주식관련사채가 최대주주 본인 지분을 저가에 늘리는 편법으로도 활용된다. 주식관련사채 리픽싱 조항을 활용해 교부 가격을 최대한 낮춰 많은 주식을 저렴하게 배정받는다.

리픽싱 외에도 분할, 합병, 증자, 감자 등을 하게 되면 주식관련사채 교부가액은 최초 결정된 가격에서 변경된다. 관련 공시를 통해 조정된 가격을 확인하도록 하자.

전환사채 전환가액 리픽싱 공시 예시

<table>
<tr><td colspan="5" align="center">전 환 가 액 의 조 정</td></tr>
<tr><td rowspan="2">1. 조정에 관한 사항</td><td>회차</td><td>상장여부</td><td>조정전 전환가액 (원)</td><td>조정후 전환가액 (원)</td></tr>
<tr><td>16</td><td>비상장</td><td>5,440</td><td>3,714</td></tr>
<tr><td rowspan="2">2. 전환가능주식수 변동</td><td>회차</td><td>미전환사채의 권면총액 (통화단위)</td><td>조정전 전환
가능 주식수
(주)</td><td>조정후 전환
가능 주식수
(주)</td></tr>
<tr><td>16</td><td>5,000,000,000</td><td>KR₩ : South-Korean
Won</td><td>919,117</td><td>1,346,257</td></tr>
<tr><td>3. 조정사유</td><td colspan="4">유상증자 및 시가하락으로 인한 전환가액 조정</td></tr>
<tr><td>4. 조정근거 및 방법</td><td colspan="4">1. 조정근거
가. 보통주 또는 우선주의 주식분할, 주식배당, 무상증자, 제2호에서
정한 전환가격 또는 시가보다 낮은 가격으로 유상증자, 또는 제2호에
서 정한 전환가격 또는 시가보다 낮은 전환가액 또는 행사가액으로 전
환사채 또는 신주인수권부사채를 발행하는 경우에는 다음과 같이 전환
가격을 조정하되 '가'목의 계산방법에 의한 조정후 전환가격과 비교하
여 낮은 가격을 조정후 전환가격으로 한다. 다만, 시가는 당해 발행가
액 산정의 기준이 되는 기준주가를 의미하며 을의 소정 계산방법에 따
라 정한다.

조정후전환가액= 조정 전 전환가액 × [(A+(B×C/D)) / (A+B)]
A:기발행 주식수
B:신발행 주식수
C:1주당 발행가격
D:시가 또는 조정 전 전환가액

다. 시가하락에 따른 전환가액 재조정(Refixing 조건): 위 가목 내지
나목과는 별도로 본 사채 발행일로부터 매 3개월이 경과한 날을 전환
가액 조정일로 하고, 각 전환가액 조정일 전일을 기산일로 하여 그 기
산일로부터 소급한 1개월 가중산술평균주가, 1주일 가중산술평균주가
및 최근일 가중산술평균주가를 산술평균한 가격과 최근일 가중산술평
균주가 중 높은 가격이 해당 조정일 직전일 현재의 전환가액보다 낮은
경우 동 낮은 가격을 새로운 전환가액으로 한다. 단, 새로운 전환가액
은 본 사채 발행 당시의 전환가액(조정일 전에 신주의 할인발행 등 가
목 내지 나목의 사유로 행사가액을 이미 조정한 경우에는 이를 감안하
여 산정한 가격)의 70% 이상이어야 된다.</td></tr>
</table>

공시를 보면 5,440원이던 전환가액이 3,714원으로 하향 조정됨에 따라 전환가능 주식 수도 약 91만 주에서 134만 주로 늘어난다.

출처: 현진소재 전환가액 조정 공시

BW 신주인수권증권도 거래된다

신주인수권부사채는 채권과 신주인수권증(워런트)으로 구성된다. 분리형 BW는 신주인수권증권만 분리해 매매할 수 있다. 가령 BW 행사가격(교부가격)이 1,000원인데 보통주 주가가 2,000원이면 1,000원 수익(현재 주가 2,000원 – 행사가격 1,000원)이 발생한다. 행사가격 대비 수익가치 1,000원과 만기까지 잔존 기간 등을 감안해 워런트 가격이 결정된다. 행사가격을 낮추게 하는 리픽싱 조항은 워런트 수익성을 더욱 좋게 한다. 워런트 거래는 상·하한가 제한이 없다. 다만 적은 거래량으로 인해 유동성에 문제가 생길 수 있다.

워런트는 시간가치와 내재가치로 구성된다. 시간가치는 계속 감소

두산건설 vs. 두산건설 2WR 주가변동 추이 비교

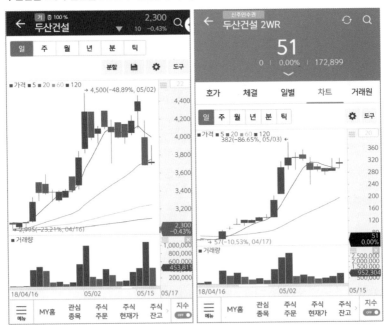

두산건설은 남북경협 이슈로 4월 중순부터 5월 중순까지 급등했다. 두산건설 보통주가 약 2배 상승하는 동안 두산건설 2WR은 약 5배 이상 상승했다. 참고로 두산건설 2WR은 두산건설에서 2번째 발행한 BW의 신주인수권증권이란 의미다. 현금 2,300원으로는 두산건설 보통주 1주만 매수 가능한데 51원인 워런트는 45개나 권리를 살 수 있으니 레버리지 효과가 크다.

해 만기일에 제로가 된다. 마치 미국 (가격)충전식 스마트폰 충전금이 미사용에도 계속 줄어드는 이치와 같다. 반면 내재가치는 보통주 주가에 연동하는 주가변동 가치다. 워런트 가격은 보통주 주가변동보다 2~3배 탄력도가 높다. 주가만 상승한다면 시간가치 감소를 뛰어넘는 단기 급등이 가능하다.

횡보는 워런트에는 악재다. 횡보장세로 시간가치만 계속 감소하기 때문이다. 만기시점에 주가가 행사가격 이하가 되어 워런트를 행사할 수 없게 된다면 채권과 워런트를 동시에 보유한 투자자는 이자와 투자 원금을 돌려받으니 큰 문제가 없다. 문제는 워런트만 보유한 투자자다. 만기시점에 워런트를 행사할 수 없기에 손해를 본다.

주식관련사채 발행을 남발하는 회사는 이 책에서 원하는 투자 대상이 아니다. 실적악화로 회사 보유 현금은 계속 줄어들고 있지만 신주인수권부사채를 하도 남발해서 수시로 주식교부가 이루어진다. 주가는 주식교부 된 대규모 매도 물량으로 계속 출렁댄다. 거기에 무상감자와 분식회계에 따른 상장폐지까지 선물해준다면 정말 돈 잃는 건 금방이다.

초보 투자자 기초 지식 쌓기

첫째 날

둘째 날

셋째 날

넷째 날

다섯째 날

부록 돈 버는 투자 습관

08

투매가
투매를 부른다

---

1. 투매가 투매를 부르는 로스컷, 공매도 증가, 대용증권 하락에 따른 반대매매 등 주가 하락 악순환이 반복된다.
2. 프로그램 주식 매도는 대량매도로 주가 하락을 부른다.
3. 서킷브레이커스를 평소 관심종목군(고배당주, 성장주, 저평가주) 매수 기회로 삼는 역발상이 필요하다.

로스컷, 공매도 등 주가 하락 악순환은 반복된다

주식투자는 심리 싸움인데 메가톤급 돌발악재 폭탄은 투자 심리를 일시에 공포감으로 채운다. 최대치로 올라간 공포감은 끝없는 투매를 유발한다. 자산운용사 등의 경우 주가가 일정 비율 이하로 내려가면 자동 로스컷_{Loss Cut} 매도주문 되도록 운용한다. 로스컷은 프로그램화된 자동 손절매 시스템이라 보면 되겠다.

주가 폭락 공포감을 투자 기회로 삼는 공매도는 크게 증가한다. 주가가 계속 하락만 해준다면 하락만큼 수익이 증가하니 절호의 공매도 찬스다.

개인투자자의 경우 공포심에 의한 자발적인 매도뿐만 아니라 비자발적인 투매도 발생한다. 증권사로부터 돈을 빌리면서 담보가치로 맡긴 대용증권 가치가 하락한다. 부족한 담보가치를 채워 넣지 못하면 증권사는 오전 9시 시장가 반대매매 주문한다. 반대매매가 급락장에 또 다른 뇌관이 된다. 오전 9시 주식시장이 열리자마자 투매된 반대매매가 주가를 끌어내리고 공포심리를 이용한 공매도 증가, 로스컷 증가로 주가는 또다시 급락한다. 급락한 주가로 인해 담보가치가 하락한 물량이 늘어나고 이 물량은 다음 날 또 투매물량이 된다. 로스컷, 공매도, 반대매매가 투매를 야기하는 악순환을 부른다.

프로그램 매매도 돌발악재가 된다

프로그램 매매_{Program Trading}는 기관투자자들이 전산 프로그램을 활용해 수십 종목씩 주식을 묶어서 거래(바스켓 매매)하는 것이다. 지수차익거래와 비차익거래로 구분되는데, 차익거래는 선물 가격과 현물(주식) 가격과의 차이를 이용한 수익거래 기법이다. 따라서 차익거래는 현물(주식)과 선물을 다른 방향으로 동시 매매하는 것이며, 비차익거래는 현물(주식) 바스켓만 매매한다. 프로그램 매매는 지수 영향력이 큰 다수의 집단을 대량매매하므로 종합주가지수에 큰 영향을 미친다. 특히 지수차익거래에서 포지션(선물 매도, 주식 매수→선물 매수, 주식 매도)을 바꾸게 되면 집중적인 주식 매도 영향으로 주식시장이 급락한다. 비차익거래도 종전에 매수했던 주식 프로그램 매수 물량을 한꺼번에 내놓을 경우 주가지수 하락을 초래한다.

주식시장 정지제도, 서킷브레이커스와 사이드카

투매에 따른 시장 정지제도로는 주식시장 매매거래 중단제도인 서킷브레이커스Circuit Breakers와 프로그램 매매 호가 효력 일시정지 제도인 사이드카Sidecar가 있다. 서킷브레이커스는 코스피, 코스닥지수가 직전 거래일 종가보다 8%, 15%, 20% 이상 각각 하락하면 발동을 예고하고, 이 상태가 1분간 지속되면 모든 종목매매를 중단한다. 사이드카는 주식시장 모든 종목매매 중단제도인 서킷브레이커스와 달리 프로그램 매매만 중단하는 방법이다. 급격한 파생상품 급등락이 주는 주식시장 충격을 완화시킨다. 파생상품 시장에서 기준 종목 가격이 기준가 대비 5% 이상(코스닥은 6%) 상승(하락)해 1분간 지속되는 경우, 호가효력을 5분 동안 정지한다. 프로그램 매매의 호가효력이 5분 동안 정지된 후 접수 순서에 따라 매매를 체결시킨다.

서킷브레이커스를 매수 기회로 삼는 역발상이 필요하다

모두가 공포를 느끼고 절망할 때 인생 역전 기회가 찾아온다. 우리는 실적기반 미래 PER, 시가배당률 기준 가치투자 방법을 안다. 평소 저평가 여부를 판단할 수 있는 관심종목군도 20개 정도 가지고 있다. 돌발악재로 서킷브레이커스가 발생하면 미래 PER과 시가배당률 등을 감안해 역발상 투자, 공격적인 저가매수 기회로 삼을 수 있다.

서킷브레이커스 등이 발동한 시장 급락에 저가 매수했다면 적어도 1년 이상에서 최대 3년은 보유한다는 심정으로 단기매도하지 말자. 과거에도 돌발악재에 시장은 순간 멈췄다. 그러나 정확하게 1년이 지난 시점에 크게 오른 주가를 확인할 수 있었다. 서킷브레이커스 등이 만일 발생하면 오히려 바겐세일이라 생각하고 그동안 관심을 가지고 있던 고배당주, 성장주, 저평가주를 마음껏 매수하는 역발상 투자가 필요하다. 서킷브레이커스는 인생 로또라 생각하자. 벼락부자는 위기에 탄생하는 법이다.

호재 없이 오르는
부실회사 악재공시

---

1. 부실회사는 고가에 유상증자, 주식관련사채 발행 또는 주식교부 신청을 위해서 일부러 주가를 급등시킬 수 있다.
2. 주가급등 조회공시 요구에 회사 측 답변이 '이유 없음'이면 실망매물 투매가 유발될 수 있다.
3. 부실회사 주가급등 이유를 모른다면 투자하지 않는 게 안전하다.

부실회사도 작전세력에 의해 주가가 꿈틀거린다

적자가 눈덩이인 부실회사도 주가가 이유 없이 급등한다. 첫째, 대선 유력주자와 동향, 동문 등이란 연결고리를 통해 정치 테마주로 엮는다. 둘째, 주식관련사채에 대한 주식교부 신청 직전에 급등시킨다. 교부된 주식을 고가에 매도하기 위함이다. 셋째, 유상증자나 주식관련사채 발행 직전 급등시킨다. 현재 주가가 높아야 발행가격이 올라간다.

주가급등 정점에 부실기업이 의도하는 악재공시가 나온다

이유 없는 급등 꼭지에 유상증자, 주식관련사채 발행, 주식관련사채 교부 신청 등 부실기업이 의도하는 공시가 나온다. 부실기업 악재공시는 관심을 덜 받기 위해 금요일 또는 공휴일을 앞두고 장 마감 시간 이후 많이 나온다. 부실기업 입장에서는 이미 급등시켜놨기에 주가 하락이 부담스럽지 않다. 거래소가 조회 공시를 요구하면 해당 회사는 답변을 익일까지 해야 한다. 대부분 '특별한 이유 없음'이라고 공시한다. '특별한 이유 없음' 답변에 실망한 투매 물량이 나오기도 한다.

　회사도 주가급등 이유를 모르는데 굳이 이유 없이 급등한 주식을 사야 할 필요가 없다. 모르면 투자하지 말고 쉬는 게 안전한 투자법이다. 혹여 나중에 호재성 공시가 나왔다고 슬퍼할 필요 없다. 내부자 정보까지 알고 투자하는 건 불가능하기에 요행수 투기를 못 했다고 자책할 필요는 없다.

위기가 기회,
최대주주 모럴해저드

10

1. 최대주주 등 회사내부자 주식 매도는 악재다.
2. 최대주주 윤리 문제는 악재지만 독점력과 기술력 여부에 따라 투자
   기회가 될 수도 있다.
3. 최대주주의 법정 구속도 장기투자 관점에서 보면 기회가 될 수 있다.

최대주주 등 회사내부자 주식 매도는 악재다

자사주 매입이 주가 부양이라면 최대주주, 회사 임원 등의 주식매도
는 주가 하락 시그널이다. 회사 내부자 매도는 현재 주가가 기업가치
대비 고평가라고 회사를 가장 잘 아는 자들이 인식하는 것이다. 신규

조모 투자자
기초 지식 쌓기

첫째 날

둘째 날

셋째 날

넷째 날

다섯째 날

부록
돈 버는 투자 습관

상장사 최대주주가 종종 보호예수(주식 매각 금지) 기간이 종료하자마자 대규모 매도하는 경우가 있다. 이유 불문 최대주주 등 내부자가 주식을 매도하면 투자 신뢰를 쌓기 어렵고 주가 상승도 어렵다. 회사를 보유(경영)하는 최대주주, 임원 등이 주가가 저평가일 때 매도하는 무지함을 보일 리 없다.

▶ **최대주주 등에 대한 보호예수(주식 매각 금지)**
상장 후 최대주주 주식 매각에 따른 일반 투자자 피해를 방지하기 위해 최대주주 등의 주식 등에 대해서 상장 후 6개월까지 매각을 제한하고 증권예탁결제원에 맡겨둔다. 상장예비심사 청구일 전 1년 이내 최대주주 등으로부터 취득한 주식과 제삼자 배정에 의해 취득한 신주도 마찬가지로 상장 후 6개월 동안 보호예수 대상이다.

최대주주 윤리 문제는 악재지만 독점력과 기술력 여부를 보자

최대주주 윤리 문제는 보통 주가에 악재지만 독점 기술력이 있는 회사는 일회성 해프닝으로 끝나기도 한다. 피자회사, 항공사, 건설사, 제약회사, 임플란트 회사 등의 최대주주 윤리 문제가 사회적 이슈가 된 적이 있다. 그중 제약회사와 임플란트 회사는 특허와 독점 기술력이 대체 불가능했고 사건이 잠잠해진 후에는 기업가치에 맞게 주가는 우상향했다. 서비스 업종이 아니라면 기술 경쟁력과 독점 지위는 최대주주 윤리 문제와 사실 별개다. 사람은 망각의 동물이기에 아무리 큰 윤리 문제도 시간이 지나면 잊힌다. 최대주주 윤리 문제가 발생하면 기술 경쟁력과 독점 지위 여부를 판단해 투자를 검토해보자. 분명 단기적으로는 악재이나 중장기로는 저가매수의 기회일 수 있다.

최대주주 법정 구속도 장기투자 관점에서 접근하자

회사 총수(최대주주)가 구속되면 주가는 약세다. 모든 신규 사업은 중단되며 언론에는 총수 부재에 따른 유무형 손해가 부각된다. 대신 정부 코드에 맞는 각종 사업을 제일 먼저 손들고 추진한다. 가끔 초췌한 모습으로 입원도 하고 휠체어에 의지해 동정심도 유발한다. 최대주주가 구속되면 더 이상 나올 악재는 없다. 시간이 걸릴 뿐, 오직 최대주주가 풀려나는 호재만 남아 있다. 형기를 다 채우지 않고 3·1절과 광복절 특사 등으로 풀려나는 경우도 많다.

　장기투자자라면 우량회사 총수 구속에 대해 역발상이 필요하다. 롯데그룹도 총수 구속 당시 중국 사업 지연, 롯데 호텔 및 자회사 상장 지연 등 모든 사업이 지체되고 롯데지주의 주가도 약세였다. 대신 남북경협에 맞춰 북방 TF를 구성하는 등 정부 코드에 맞는 사업을 추진했다. 구속된 자는 다른 재벌 총수들처럼 언젠가는 풀려난다. 기다림은 지루하지만 언젠가 풀려난다면 지금보다 훨씬 좋은 평가를 받을 수 있다.

주식 매매를 위해
알아두면 좋은 기초 상식

증권사를 방문하지 않고도 계좌개설이 가능하다

계좌개설 방법은 방문 계좌개설과 비대면 계좌개설이 있다. 방문 계좌개설은 증권사 또는 은행을 방문한다. 은행에서도 연계 증권사 계좌개설이 가능하다. 초보 투자자라면 미수, 신용거래에 대한 사용 제한을 최초 거래 개설 시부터 해두는 게 좋다. 고객예탁금을 CMA로 운용해주는 CMA 연계 계좌를 가입하면 현금에 대한 이자율이 높다.

비대면 계좌개설은 지점 방문 절차 없이 인터넷 등을 활용해 계좌개설을 하는 것으로 장소, 시간의 구애 없이 가입이 가능하다. 스마트폰으로 가입할 경우 신분증, 본인 명의 증권 또는 은행 계좌번호, 본인 명의 스마트폰만 있으면 된다. 참 편리한 세상이다.

OTP 발급, 온라인 회원가입 등 절차를 진행하자

지점에서 계좌개설을 했다면 정해진 기일 안에 컴퓨터를 통해 ID를 등록해야만 온라인 거래가 가능하다. 지점에서 계좌개설 시 보안카드 또는 실시간 무작위 비밀번호 생성기인 OTP(One Time Password)도 발급받는데, 가급적 보안 등에 유리한 OTP를 발급받도록 하자. 기존에 다른 금융기관 OTP가 있다면 이를 등록하고 사용해도 된다. 비대면 계좌개설의 경우도 증권사 홈페이지나 스마트폰 앱에서 OTP를 발급받으면 된다. 주식 거래를 위해서는 HTS(Home Trading System), 모바일 앱(MTS, Mobile Trading System)을 다운로드받는다.

스마트에서 온라인 펀드거래를 원하는 경우 증권사별 자산관리 앱 또는 한국포스증권(구 펀드슈퍼마켓) 등을 다운로드받는다.

공인인증서를 다운로드받는다

공인인증서를 거래할 스마트폰 또는 컴퓨터에 다운받는다. 다만, 기존 범용 공인인증서(은행, 증권, 보험 등 사용 가능) 또는 타증권사 공인인증서가 있으면 이를 사용할 수 있다. 컴퓨터(또는 스마트폰)에 공인인증서를 다운받은 후 스마트폰(또는 컴퓨터)으로 옮길 수도 있다. 자세한 사항은 증권회사 홈페이지에 상세하게 나와 있으니 참고하자.

매매주문은 스마트폰과 컴퓨터를 통해서 하자

매매주문은 HTS와 MTS에서 주로 하게 된다. 지정가 매수를 할 경우 주문

증권사(미래에셋대우) 예약주문 서비스 화면

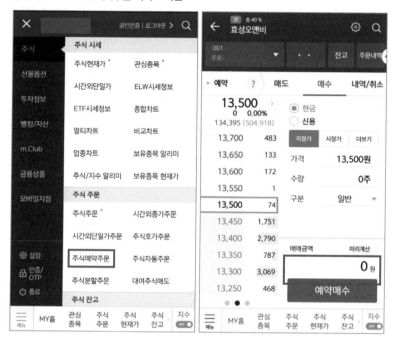

창에 매수종목을 찾은 후 매수수량, 매수금액을 입력한다. 시장가 매수는 매수금액을 입력하지 않아도 된다. 매매주문 후 이를 취소하거나 변경할 수도 있다. 마음이 급하면 종목명, 매수와 매도, 가격과 수량을 착각할 수 있다. 매매 전 확인하는 습관을 들이자.

시세알림, 예약매매 서비스를 이용하자

잦은 시세확인 대신 시세알림, 예약매매 서비스를 활용한다. 예약매매는

HTS, MTS를 통해 가능하다. 기간을 최소 하루에서 최대 30영업일까지 설정할 수 있다. 시세알림은 네이버, 다음 등 포털사이트나 증권사 앱 등에서도 할 수 있다. 본인이 원하는 종목에 대해 시간별, 가격별로 정할 수 있다. 금융사고 예방을 위해 매매체결, 자금이체 결과 등을 문자로 알려주는 증권사 서비스도 신청하도록 하자.

다섯째 날

주의해야 할 이슈를
공부하자

다섯째 날. 주의해야 할 이슈를 공부하자

주가의 핵심, 증자와 감자	무상증자, 유상감자는 호재이나 유상증자, 무상감자는 악재다. 증자, 감자 가능성을 미리 알 수 있는 당기순이익(손실), 부채 비율 등을 확인하자.
주가급등 호재, 경영권 분쟁	건실한 회사 경영권 분쟁은 단기 호재이나 부실회사 경영권 분쟁은 작전세력 놀이터이니 주의하자.
실적 점검 필수, 52주 신고가(신저가)	실적악화에 따른 52주 신저가 종목 투자는 초보 투자자에게 바람직하지 않다. 52주 신고가라도 미래 PER이 저평가라면 투자 가능하다.
주가 버블 우려, 신규 상장 주식투자	증시 활황에 공모가 버블이 생길 수 있다. 상장 첫날 공모가 대비 최대 260% 상승할 수 있어 투자에 주의하자.
고위험 상품, 레버리지(인버스 2×) ETF 투자	레버리지 ETF, 인버스 2× ETF는 일반 ETF 변동 폭에 2배 이상으로 움직이므로 원금 전액 손실도 가능한 투자 상품이다.
합병 실패 리스크, SPAC 투자	떠도는 합병 풍문에 SPAC을 고가에 사는 건 조심하자. SPAC 주가가 과도하게 오르면 합병 실패. 합병 후 주식을 적게 받는 비상장회사 주주가 합병에 반대한다.
환율, 금리, 원자재의 가격 변화	원화 강세는 원자재 수입회사, 원화 약세는 수출회사에 좋다. 유가상승은 항공, 버스, 전력, 페인트, 여행, 면세품에는 악재, 정유, 화학, 조선, 신생 에너지에는 호재다. 미국발 금리인상은 환차손을 우려한 외국인 이탈을 유발하기에 악재다.
특정 대기업에만 독점 납품하는 회사	특정 대기업에만 독점 납품하면 안정적 매출이란 장점도 있지만 눈치를 과도하게 보고 대기업과 운명을 같이하는 단점이 있다.
꿈을 먹는 주식, 제약(바이오) 기업 투자	제약, 바이오는 고령화 사회, 미래 성장동력 등을 감안해 PER 기준을 조금 높여 약세장에 매수를 고려할 만하다. 파이프라인도 없는 무늬만 바이오를 제외하는 옥석 가리기는 필수다.
정부 규제 이슈, 에너지 공기업 투자	에너지 공기업은 고유가와 친서민 정부 규제 이중고를 겪어야 한다. 다만 LNG는 정부의 탈원전, 탈석탄 규제가 호재다.
투자 신뢰 훼손, 차이나디스카운트	재무지표가 양호하더라도 그동안 보여준 각종 신뢰 훼손 행위를 감안해 초보 투자자라면 중국회사 투자에 주의하자.

초보 투자자 기초 지식 쌓기

첫째 날

둘째 날

셋째 날

넷째 날

다섯째 날

부록 돈 버는 부자 습관

주가의 핵심, 증자와 감자

1. 무상증자와 유상감자는 호재, 유상증자와 무상감자는 악재다.
2. 유상증자 관련 공모, 사모, 주주배정, 주주우선공모, 일반공모, 제삼자 배정 등의 개념을 알아두자.
3. 증자, 감자를 미리 예상할 수 있는 당기순이익(손실) 등 지표들이 있다.

무상증자와 유상감자는 호재, 유상증자와 무상감자는 악재다

증자는 주식 수 늘리기, 감자는 주식 수 줄이기다. 증자와 감자를 유상과 무상으로 나눌 수 있다. 상償은 한자로 갚을 상이다. 즉 무상증자나 무상감자는 대가 없이 주식 수를 늘리거나 줄인다. 반대로 유상증

초보 투자자
기초 지식 쌓기

첫째 날

둘째 날

셋째 날

넷째 날

다섯째 날

부록
돈 버는 투자 습관

자나 유상감자는 대가 지급이 우선이다. 그중 투자자에게 손해 안 가는 행위가 무상증자와 유상감자다. 투자자에게 공짜로 주식을 주고(무상증자) 투자자에게 대가를 지급하고 주식 수를 줄이니까(유상감자) 호재다. 유상감자는 지분율이 그대로 유지되므로 경영권 지분을 확보한 해외 투기자본에 투자금 회수 방법으로 이용된다. 또한 매각(합병)을 위해 회사 규모를 줄이는 방편으로도 활용된다.

반대로 투자자 돈으로 주식 수를 늘리고(유상증자), 회사가 투자자에게 보상 없이 주식 수를 줄이니(무상감자) 악재다. 부실기업이 주로 하는 무상감자는 보유주식 수도 줄지만, 주가도 크게 폭락해서 손해가 이중으로 커진다.

공모, 사모, 주주배정, 주주우선공모, 일반공모, 제삼자 배정 등의 개념을 알아두자

유상증자를 세부적으로 구분해보면 주식에 대한 투자를 권유하는 대상이 50명 이상일 경우 공모, 미만이면 사모로 구분한다. 새로운 주식을 공모하면 모집, 기존 주식이면 매출이라 한다. 대상자에 따라 1) 주주배정, 2) 주주우선공모, 3) 일반공모, 4) 제삼자 배정으로 나뉜다. 1) 주주배정은 기존 주주 지분율대로 신주를 받을 권리인 신주인수권증서Right가 배정된다. 다만, 유상증자를 원치 않는 주주는 일부 또는 전부 청약을 안 해도 된다. 그럴 경우에는 신주인수권증서 배정을 포기한 주식이란 의미의 실권주 처리가 된다. 실失은 한자로 잃을 실이

다. 실권된 주식은 회사가 일반공모 또는 제삼자 배정 등으로 처리할
수 있다. 신주인수권증서는 공시에서 정한 기간 내 타인에게 매도도
가능하다.

2) 주주우선공모는 기존 주주에게만 공모를 한다. 주주배정과 달리
사전 배정 물량이 없기에 기존주주끼리 청약경쟁을 한다.

3) 일반공모는 불특정 다수에 대해 청약신청을 받아 주식을 배정
한다. 배정 방식은 물량 절반 이상을 균등배정(동등량 배정), 나머지를
비례배정(청약증거금이 많을수록 더 배정)한다.

4) 제삼자 배정은 기존 주주를 완전히 배제하고 정해진 제삼자에
게만 배정한다. 정관에 제삼자 배정에 대한 내용이 없다면 정관 변경
을 위한 주주총회 특별결의가 필요하다. 일반공모나 제삼자 배정의
경우 기존주주 지분율이 낮아질 수 있다. 유상증자의 경우 보통 할인
발행하는데 주주배정 유상증자는 할인율 제한이 없는 반면, 일반공
모는 30%, 제삼자 배정은 10%로 최대할인율을 제한해 기존주주 피
해를 보호한다. 증자, 감자는 모두 공시사항이므로 금감원 공시사이
트 다트에 가면 자세히 알 수 있다. 공시 대부분은 기사화되므로 언론
사 뉴스를 통해서도 알 수 있다.

증자·감자를 미리 예상할 수 있는 지표들이 있다

당기순손실 등으로 인해 회사 보유현금이 부족하고 부채가 증가한다
면 유상증자 가능성이 높다. 주식은 정관상 발행 가능 주식 총수 범위

내로 주식을 발행할 수 있다. 정관개정(주주총회 특별 결의사항)을 통해 발행 가능 주식 총수를 늘린다는 건 향후 유상증자를 하겠다는 의미로 악재다. 반대로 당기순이익이 증가해 유보금이 많이 쌓이면 무상증자 가능성이 매우 높다.

호재 공시에 현혹되지 말고 가치분석이 우선이다

호재인 무상증자를 공시했음에도 주가가 오르지 않는 경우도 있다. 호재에도 반응이 약한 이유는 이미 무상증자를 예상해 충분히 올랐기 때문이다. 호재 뉴스 말미에 고점 뒷북 투자를 할 수 있다. 무상증자라는 호재 뉴스에만 현혹되지 말고 실적에 따른 미래 PER, 시가배당률이란 도구를 활용해 적정 주가를 분석해보는 게 현명한 투자다.

초보 투자자
기초 지식 쌓기

첫째 날

둘째 날

셋째 날

넷째 날

다섯째 날

부록
돈 버는 투자 습관

주가급등 호재, 경영권 분쟁

02

1. 부실회사에 제삼자 배정 유상증자 남발은 최대주주 지분을 줄인다.
2. 최대주주 지분이 적은 회사에 경영권 참여 목적 5% 지분공시는 경영권 분쟁을 야기하는 호재다.
3. 부실한 회사라면 경영권 분쟁으로 작전세력 놀이터가 될 수 있어 주의해야 한다.

제삼자 배정 유상증자 남발은 최대주주 지분을 줄인다

최대주주 지분은 많은 게 좋다. 최대주주 지분이 많으면 안정적으로 경영권을 장악하고 배당 성향이 좋다. 반대로 최대주주 지분이 적으면 경영권 분쟁도 끊이질 않고 책임경영도 기대하기 어렵다. 언제 경영권을 빼앗길지 몰라 횡령, 분식회계도 자주 발생한다. 최대주주 지분이 적은 이유는 회사가 부실해졌기 때문이다. 당기순손실, 부채 증가, 현금 부족 등으로 자금이 필요한데 정작 최대주주 본인은 돈이 없으니 기존 주주 이외의 자에게 유상증자, 주식관련사채 발행 등을 남발했고 그 결과 본인 지분이 줄어든 거다.

경영권 참여 목적 5% 공시는 경영권 분쟁을 야기한다

총발행주식 수 5%를 넘는 지분을 보유하게 되는 경우 공시의무가 생긴다. 5% 지분공시 내용 중 주식보유 사유를 단순 투자 또는 경영권 참여 등으로 기재한다. 최대주주 지분율이 낮은 경우 경영권 참여 목적 5% 지분공시라면 경영권 분쟁이 벌어진다. 양측 간 공개매수 선언, 장외 블록딜, 장내 지분매수 경쟁도 발생한다. 경영권 장악을 위해 회사 측 우호군인 백기사도 출현한다.

때에 따라서는 엘리엇과 같은 외국계 헤지펀드, 칼 아이칸 같은 기업사냥꾼들이 출연한다. 취약한 지분구조 틈새를 파고들어 경영권 분쟁을 이슈화한다. 소액주주에 적극적 협조를 얻기 위해 고배당, 무상증자 등 주주 친화적인 정책을 주장한다. 주가를 최대한 끌어올리고 빠져나가기에 경영권 분쟁만을 믿고 고점에 추격 매수한 투자는 위험하다.

소버린은 2003년 10% 넘게 SK 지분을 보유한 후 경영권 분쟁을 일으키고 상당한 차익을 얻었다. 칼 아이칸도 2006년 KT&G를 공격

초보 투자자 기초 지식 쌓기

첫째 날

둘째 날

셋째 날

넷째 날

다섯째 날

부록 돈 버는 투자 습관

해 돈을 벌고 떠났다. 엘리엇도 2016년 삼성물산과 제일모직 합병 반대를 이슈화하고 수익을 챙겼다.

일단, 건실한 회사 경영권 분쟁은 단기 호재다. 양측 지분매집으로 유통주식 물량이 줄어들 경우 주가는 오른다. 다만 부실한 회사에 대한 경영권 분쟁은 작전세력 놀이터가 될 수 있다. 작전세력이 급등주를 만들고 자신들 물량을 털고 나가면 고점에 추격 매수한 개인투자자만 큰 손실을 입을 수 있다.

> ▶ 공개매수
> 특정기업 인수를 위해 공개적으로 주식 매입 의사(매입기간, 가격, 수량)를 밝히고 증권시장 밖에서 시중가격보다 높은 가격으로 매입한다. 비용은 많이 드나, 단기간에 경영권을 장악하는 데 도움되는 방법 중 하나다.

> ▶ 백기사
> 적대적 M&A 대상이 된 기업 경영자에게 우호적인 제삼의 기업 인수자가 되거나 적대 세력의 공격을 차단해주는 조력자 역할을 한다.

03
실적 점검 필수, 52주 신고가(신저가)

초보 투자자
기초 지식 쌓기

첫째 날

둘째 날

셋째 날

넷째 날

다섯째 날

부록
돈 버는 투자 습관

1. 52주 신고가를 돌파해도 실적개선에 따라 미래 PER이 아직 저평가
라면 더 상승할 수 있다.
2. 52주 신저가는 실적악화를 동반한 경우가 많아 초보 투자자에게 권
하는 투자 대상은 아니다.

초보 투자자는 52주 신고가(신저가) 투자에 신중하자

1년을 주 단위로 구분하면 총 52주다. 52주 신고가와 52주 신저가는
1년 동안 가장 높은 주가와 낮은 주가를 의미한다. 초보 투자자라면
52주 신고가(신저가) 투자에 신중해야 한다. 52주 신고가는 실적과

무관한 테마주 상투일 수 있다. 반대로 52주 신저가는 실적악화로 힘들어하는 회사일 수 있다.

52주 신고가 종목은 실적개선 여부를 파악하자

52주 신고가나 신저가 모두 그 원인을 찾아야 한다. 52주 신고가 이유가 실적개선이라고 하면 저평가 여부를 파악해보자. 1) 관련 뉴스, 증권사 리포트 등에서 언급한 예상 실적을 찾는다. 52주 신고가 종목은 뉴스나 리포트에서 예상 실적을 분석한 경우가 많다. 2) 뉴스 등에서 언급된 예상 실적과 시가총액을 비교해 미래 PER을 구한다. 3) 52주 신고가임에도 미래 PER이 저평가라면 현재 주가급등은 아직 최종 종착지가 아니다. 더 오를 수 있기에 과감하게 투자할 대상이 된다.

앞으로 실적이 크게 좋아지는 회사이기에 52주 신고가 현재 급등 그래프는 투자 판단에 큰 영향요소가 아니다. 비록 그래프가 가파르더라도 가야 할 고지가 멀기에 저평가라면 주저하지 말고 매수다. 이동평균선 간 간격이 너무 벌어져 있다면 단기간 눌림목 조정을 줄 수도 있다. 이 점만 고려해 2~3번 분할매수 원칙을 지킨다면 큰 수익을 얻을 수 있다.

그러나 52주 신고가 테마에 따른 수급이 원인이라면 급락 위험성을 고려해 투자하지 않는다. 테마주도 저점매수가 원칙이지 버블 고점 매수는 하지 말아야 한다.

52주 신저가 종목도 실적악화 여부를 파악하자

52주 신저가 원인인 실적악화가 일회성인지 아니면 지속적 악화인지의 여부를 파악해야 한다. 신문 기사, 증권사 리포트 등을 조사한다. 일시적 실적악화로 추후 실적개선을 기대한다면 저점매수 구간이 될 수도 있다.

그러나 대부분 실적악화가 단 기간에 회복되진 않는다. 초보 투자자라면 실적악화로 인해 52주 신저가가 된 종목에 대한 투자는 주의하자. 아직 실력이 부족하기에 이왕이면 망하는 집(52주 신저가)보다 흥하는 집(52주 신고가)에 있어야 얻을 게 있다.

52주 신고가 뉴스를 주의 깊게 보자

52주 신고가(신저가)는 공시사항은 아니다. 그러나 투자자에 주된 관심사항이기에 관련 뉴스는 자주 볼 수 있다. 52주 신고가(신저가) 뉴스가 나오면 이를 허투루 보지 말자. 52주 신고가 종목에 연관 단어로 실적개선을 꼭 찾아보자. 잘만 분석하면 급등했어도 앞으로 상승 여력이 충분한 알토란 같은 종목을 발굴할 수도 있다.

주가 버블 우려, 신규 상장 주식투자

1. 증시 활황에 공모가 버블이 생길 수 있다.
2. 상장 첫날 매매 방식이 거품을 만드는데, 공모가 대비 최대 260%까지 상승할 수 있다.
3. 최대주주는 일정기간 주식을 못 팔도록 보호예수 하는데 보호예수 종료 시점에 최대주주 대량매도 우려가 있다.

신규 상장이 활발한 경우는 증시 활황기다

증시 활황기에 신규 상장이 활발하다. 여러 이유가 있겠으나, 가장 큰 이유는 발행회사가 공모 가격을 높게 받을 수 있어서다. 높은 공모가격 덕분에 신규 상장사 곳간이 두둑해진다. 뜨거운 청약 열기에 공모주가 청약 미달될 가능성도 낮아 증권사 부담도 줄어든다. 계약 조건에 따라 공모주가 청약미달 되면 이를 증시 상장을 주관한 증권사가 떠안기도 한다.

거래소 유가증권시장 상장 절차

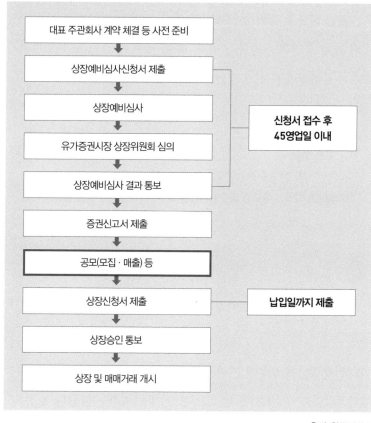

초보 투자자
기초 지식 쌓기

첫째 날

둘째 날

셋째 날

넷째 날

다섯째 날

부록
돈 버는 투자 습관

증시 활황에 신규 상장 주식 공모가 버블이 생길 수 있다

공모가는 먼저 기존 실적과 함께 상장 이후 실적 예측치 등을 적용해 희망 공모가 밴드(상단과 하단)를 정한다. 그렇게 희망 공모가 밴드가 정해지면 기관투자자들에게 공모 가격, 수량 등을 접수받는다. 이를 수요 예측이라 하며 이를 통해 최종 공모가를 결정한다. 보통 증시 활황기에는 공모주 청약 경쟁률이 높기에 희망 공모가 밴드도 약세장 대비 높게 산정되는 경향이 있다. 수요 예측Book Building도 기관투자자 수요가 몰려 공모가 밴드 상단에 결정되는 경우가 많다.

> **▶ 수요 예측**
> 공모주 청약 전 공모희망가액 상·하한을 일정하게 제시한 후 기관투자 자들에게 가격과 수요를 접수받아 최종 공모 가격을 산정하는 방식이다.

상장 주식의 첫날 매매 방식이 거품을 만든다

신규 상장 종목은 상장 첫날 기준가격 결정을 위한 호가 접수 시간 (08:30~09:00)에 보통주 기준가격 50~200% 범위 내 주문(상장 공모 법인 보통주는 90~200%)을 받아 오전 9시에 매매가 시작된다. 오전 9시에 시작한 가격부터 상한가(30%)까지 상승할 수 있다. 그렇다면 공모가 1만 원인 주식의 경우 오전 9시에 2만 원(200% 상승)으로 시작해 상한가(30%)면 26,000원이 종가가 된다. 실적에 바탕을 둔 게 아니라면 하루 만에 공모가 대비 260% 급등은 투자 결정에 부담스럽다.

초보자일수록 오래된 종목을 투자하는 게 바람직하다

신규 상장 종목은 어디로 튈지 모르는 럭비공 같다. 과거 시장 데이터가 없어서 날마다 새로운 역사를 쓴다. 시장 검증을 오래 거친 회사라면 지지선과 저항선, 기존 히스토리에 대한 학습 효과가 있어 예측이 가능한데, 신규 상장 종목은 참고할 만한 데이터가 부족해 사실 불안하다. 최대주주가 보호예수 종료 후 대량 매도할 리스크도 있다. 최대주주 매도는 회사 성장성과 책임경영 의지에 의구심을 갖게 하는 악재다.

투자자도 새내기인데 투자 종목도 새내기라면 둘의 조합은 매력적이지 않다. 주식투자는 콜럼버스의 탐험정신과 타잔의 모험심을 기르는 곳이 아니다. 기승전결 무조건 조심해야 한다. 초보 투자자일수록 어디로 튈지 모르는 새내기 주식보다는 이미 검증이 끝난 오래된 주식에 투자하는 게 바람직하다.

초보 투자자
기초 지식 쌓기

첫째 날

둘째 날

셋째 날

넷째 날

다섯째 날

부록
돈 버는 투자 습관

고위험 상품, 레버리지 (인버스 2×) ETF 투자

05

1. ETF(Exchange Traded Fund, 상장지수펀드)는 주식과 펀드 두 가지 특징을 합친 상품으로 증권거래세가 면제다. 특히, 국내 주식형 ETF 는 매매차익에 대해 비과세하는 장점이 있다.
2. 소규모 ETF는 상장폐지 될 수 있으므로 유동성이 높은 ETF에 투자 하자.
3. 레버리지 ETF, 인버스 2× ETF는 과한 변동폭에 주의하자.

ETF는 주식과 펀드를 합친 상품이다

요즘은 안전투자를 선호하는 이들에게 패시브passive 투자가 인기다. 액티브는 능동적, 패시브는 수동적이란 뜻이다. 액티브 투자는 펀드

매니저 등 전문가가 선별적으로 종목을 골라 투자하는 방식이다. 패시브 투자는 KOSPI 200 등 주요지수 등락에 따라 기계적으로 편입종목을 사고파는 방식이다. 대표적인 패시브 투자 방식의 예가 ETF다.

ETF는 주식시장에서 매매되는 주식 특성과 여러 자산을 담아 운용하는 펀드 특성을 합친 상품이다. ETF는 주식 특성에 맞게 거래소에 상장되고 HTS(MTS)를 통해 매매된다. 기초자산인 국내외 주가지수(KOSPI 200, KOSDAQ 150, KRX 300 등), 금, 원유 등 원자재 가격, 삼성전자 등 개별종목의 주가 등락에 따라 수익률이 결정된다. 가령 기초자산인 KOSPI 200 지수가 1% 상승함에 따라 관련 ETF도 1~2% 상승하는 식이다.

국내에 상장된 ETF 장점은 첫째, 일반 펀드와 달리 개별 주식처럼 HTS나 MTS에서 매매가 가능하고 결제일도 T+2일(매매 후 2영업일)로 펀드의 T+2~8일보다 빨라 환금성이 높다. 둘째, 일반 주식매매와 달리 매도 시에 증권거래세가 면제되며 펀드 수수료(보수) 대비 수수료가 매우 저렴하다. 국내 주식형 ETF의 경우 자산 대부분을 상장주식에 투자하므로 상장주식과 동일하게 매매차익에 대해 비과세다. 그래서 적립식 펀드 대신 매월 ETF를 매수하는 경우도 있다. 셋째, 분산투자에 따른 투자 안전성이 매력이다. 가령 개별 건설사보다 건설주 ETF 매수가 투자 안전성이 높다. 편입 종목 상승 시 그 상승분을 반영하고 특정 종목 무상감자, 상장폐지 등 악재에도 다양한 건설주를 분산 투자했기에 손실을 최소화할 수 있다. 넷째, 주식처럼 매매되므로 펀드와 달리 환매 수수료가 없다. 다섯째, 주식형의 경우 배당

초보 투자자의
기초 지식 쌓기

첫째 날

둘째 날

셋째 날

넷째 날

다섯째 날

부록
돈 버는 투자 습관

금, 채권형의 경우 이자를 재원으로 분배금을 지급받을 수 있다. 일반적으로 주식형 ETF는 1월, 4월, 7월, 10월, 12월 마지막 영업일이 분배금 지급 기준일이며, 그 밖의 ETF는 12월 마지막 영업일이 기준일이다. T+2일 결제를 감안해 기준일 2영업일 전에 매수하면 분배금을 지급받는다.

ETF에 대한 과세

구분	국내 주식형 ETF	그 밖의 ETF
증권거래세	없음	
매매차익	비과세	배당소득세(15.4%)
분배금	배당소득세(15.4%)	
금융소득 종합과세(누진세)	과세 대상(이자소득, 배당소득 등 금융소득 합계 2,000만 원 이상일 경우)	

국내주식형 ETF: 국내시장 대표지수 ETF, 섹터 ETF
그 밖의 ETF: 국내채권 ETF, 해외주식 ETF, 해외채권 ETF, 원자재 ETF, 레버리지(인버스) ETF 등
출처: KRX ETF

ETF에는 자산운용사 고유 이름이 붙는다

ETF는 펀드이므로 자산운용사가 발행하고 관련 수수료(보수)를 받는다. 자산운용사별로 고유의 이름을 붙이는데 KINDEX는 한국투자신탁운용, KODEX는 삼성자산운용, TIGER는 미래에셋자산운용, ARIRANG은 한화자산운용, KOSEF는 키움투자자산운용 등이다. 가령 KINDEX 200은 한국투자신탁운용에서 발행한 KOSPI 200 지수

를 기초자산으로 하는 ETF다. 각 운용사별로 부과하는 수수료가 다르므로 각 운용사 상품별 수수료는 한번 체크해볼 만하다.

ETF도 고위험 투자 상품이 있다

소규모 ETF는 상장폐지 될 수 있다. 신탁원본(자본금) 및 순자산 총액이 50억 원 미만으로 일정 기간 지속되면 상장폐지다. 다만 주식과 달리 ETF는 펀드이므로 상장폐지 일까지 보유한 투자자에게 순자산 가치에서 세금과 펀드보수 등을 차감한 해지상환금을 지급한다.

　ETF 중 파생상품 요소가 가미된 상품이 있다. 일반적으로 레버리지 ETF는 일반 ETF 수익률 변동 폭의 2배 이상 수준이다. 즉, 기초지수가 1% 오를 경우 레버리지 ETF는 2% 오르지만 반대로 기초지수가 1% 내리면 레버리지 ETF는 2% 하락한다.

　인버스 ETF는 기초지수와 반대로 움직이는 상품으로 지수가 하락해야 수익을 거둘 수 있다. 리버스 ETF라고도 한다. 인버스 ETF도 1% 하락에 2% 이상 수익이 발생하는 2배수 인버스 ETF(인버스 2×, 일명 곱버스)가 있다. 고위험 ETF는 기초지수 변동 시 원금 전액 손실도 가능한 상품임에 주의해야 한다.

초보 투자자 기초 지식 쌓기

첫째 날

둘째 날

셋째 날

넷째 날

다섯째 날

부록 돈 버는 투자 습관

합병 실패 리스크, SPAC 투자

06

1. SPAC(Special Purpose Acquisition Company)은 인수합병을 목적으로 설립된 페이퍼컴퍼니로 거래소 상장 이후 3년 이내 비상장기업과 M&A 못하면 상장폐지 된다.
2. M&A 못해도 공모가 수준에 원금과 3년 치 이자를 지급하니 손실이 크지 않다.
3. SPAC을 고가에 사는 건 합병에 실패할 수 있어 조심해야 한다.

SPAC은 정해진 기간 내 M&A를 못 하면 상장폐지 된다

SPAC은 비상장기업에 대한 M&A을 목적으로 설립된 회사다. 비상장기업이 거래소 상장기업과 M&A한다는 점에서 우회상장과 유사하

초보 투자자 기초 지식 쌓기

첫째 날

둘째 날

셋째 날

넷째 날

다섯째 날

부록 돈 버는 투자 습관

다. 다만 SPAC은 실제 사업이 없고 상장만을 위해 존재하는 페이퍼컴 퍼니(서류상 회사)라는 점이 차이다. 신주발행 공모 후 거래소에 상장한다. 상장 이후 3년 이내 비상장 기업과 합병해야 한다. 합병하지 못하면 상장폐지 된다.

SPAC 투자 방법은 상장 이전 공모주 청약 또는 상장 이후 거래소에서 일반 주식처럼 매수하는 방법이 있다. SPAC 종목을 선정할 때는 증권사별로 과거 합병한 SPAC 수, IPO 실적 등을 참고해 합병 가능성이 높은 SPAC을 골라야 한다.

SPAC 투자의 매력은 손실 가능성이 크지 않다는 점이다

SPAC은 공모가 밑으로는 주가가 잘 떨어지지 않는 반면, 우량 비상장사와 합병하면 주가가 크게 오른다. 다만, 비우량 회사와 합병하는 경우라면 주가는 그 반대가 될 수도 있다.

SPAC은 만기 6개월 전까지 상장예비심사 청구서를 제출하지 못하면 관리종목으로 지정된다. 이후 1개월 내에도 합병기업을 찾지 못하면 상장폐지 된다. SPAC 해산 시에는 주주에게 공모가 수준 원금과 3년 치 이자를 제공한다. 따라서 합병이 불확실하면 SPAC 주가는 내리게 되는데 공모가보다 낮은 가격에 매수할 경우 시세차익과 함께 만기에 공모가 수준 원금과 3년 치 이자라는 확정 수익도 얻을 수 있다. SPAC은 투자금의 90% 이상을 한국증권금융에 별도 예치해둔다.

SPAC 설립부터 청산까지 과정

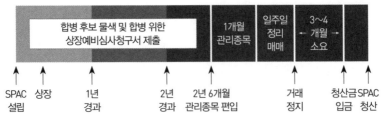

합병 후보 물색 및 합병 위한
상장예비심사청구서 제출

1개월
관리종목

일주일
정리
매매

3~4
개월
소요

↑
SPAC
설립

↑
상장

↑
1년
경과

↑
2년
경과

↑
2년 6개월
관리종목 편입

↑
거래
정지

↑
청산금
입금

↑
SPAC
청산

출처 : 뉴스토마토 기사

SPAC 주가가 과하게 오르면 합병에 실패할 수 있다

SPAC 시가총액을 기준으로 합병가액을 산정한다. 주가가 올라 SPAC
시가총액이 커지면 합병 대상 비상장기업 주주가 합병에 반대할 수
있다. 해당 주주가 받게 되는 합병회사 주식 지분율이 낮아지기 때문
이다. 만약 이러한 이유로 합병에 실패하고 SPAC이 해산되면 합병을
기대해 고가로 SPAC을 매수한 후발 투자자는 손해를 본다. 만기가 임
박한 SPAC은 매수 전 청산가치를 반드시 염두에 두고 투자에 임하도
록 한다. 떠도는 풍문만을 믿고 SPAC을 고가에 사는 건 조심하자.

07 환율, 금리, 원자재의 가격 변화

1. 1달러당 원화 가치가 올라가는 원화 강세에는 원자재 수입회사, 반대로 가치가 내려가는 원화 약세에는 수출회사가 유리하다.
2. 국내외 금리 인상은 주식시장에 악재다. 미국 금리 인상은 환율에 영향을 미치고 환차손을 우려한 외국인 자금 이탈이 가속화될 수 있다.

원/달러 환율에 웃고 우는 원자재 기업들

환율은 두 나라 간 화폐 교환비율이다. 가령 1달러당 1,500원은 미국과 한국 간 화폐 교환 비율이다. 대한민국 경제가 미국보다 좋아지면 원화 가치가 올라가는 원화 강세 시장이 된다. 1달러당 1,500원 교환비율이 1,000원으로 변하는 식이다.

원화 강세가 마냥 즐거운 일만은 아니다. 원화 가치 상승으로 우리 수출품 가격도 비싸진다. 가령 한국 돈 15,000원 수출품에 대해 환율이 1달러당 1,500원이면 미국에서 10달러에 팔린다. 환율이 1,000원이 되면 판매금액이 15달러로 올라간다.

환율은 원재료 수입 가격에도 영향을 준다. 사료, 제지회사 등 원재료를 수입해 국내에 판매하는 회사는 수출회사와 달리 원화 가치 상승이 반갑다. 한국 돈 30,000원으로 개당 1달러인 원자재를 수입한다면 환율이 1달러당 1,500원이면 20개를 수입한다. 환율이 1,000원이 되면 수입량이 30개로 늘어난다. 결국 수출회사는 원화 약세를 원자재를 수입해 국내에 판매하는 회사는 원화 강세를 원한다. 원화 강세면 사동차 등 수출수 수가는 약세, 국내 판매를 위주로 하는 내수주는 강세다. 주요 내수주는 유통주, 음식료주 등이다.

산업마다 유가 상승을 바라보는 입장이 다르다

유가 상승이 악재인 경우는 석유를 주로 사용해야만 하는 항공, 버스, 전력, 페인트 회사다. 유가 상승은 항공료 인상을 유발한다. 인상된 항공료는 여행, 면세품 주에 악재다. 만약 유가 상승에 더해 환율 이슈까지 겹치면 이들 회사에게는 더블 악재다.

유가 상승이 반가운 회사도 있다. 전통적으로 정유주, 화학주는 유가 상승에 주가가 연동하는 경우가 많다. 다만 장기적인 유가 상승은 오히려 정제마진을 낮춰 주가 상승에 큰 영향을 못 미친다. 정제마진은 석유 가격에서 원유 가격, 운영비, 수송비 등을 뺀 금액이다. 정제마진이 클수록 정유사엔 좋다. 원유 가격 상승에 맞춰 석유 제품 가격을 인상하지 못하면 정제마진이 추락하고 정유사 수익성이 악화된다.

조선주는 유가 상승으로 아랍권 유조선 수주 등이 늘어 유가 상승이 반갑다. 개발 비용이 많이 드는 태양력, 풍력 등 신생 에너지도 유가 상승을 반긴다. 비싸진 석유 대비 가격 경쟁력을 유지할 수 있어서다. 페인트주는 유가 급등은 악재지만, 유가 상승이 가져온 조선업 호황은 반갑다. 페인트 회사의 주된 매출처 중 하나가 조선회사이기 때문이다.

국내외 금리 인상(인하)과 주가는 역의 관계다

금리 인상은 주식시장의 악재로 약세장을 부른다. 금리 인상 여파로 예·적금 등 안전자산으로 자금이동이 는다. 늘어난 대출 이자만큼 회사들 순이익도 준다. 빚내서 투자하는 투기 수요도 줄고 이는 유동성 감소로 이어져 주식시장도 움츠러든다.

악재인 금리 인상을 반기는 기업군이 있다. 바로 예대마진이 주된 영업 기반인 은행이다. 금리가 오르면 예·적금 고객이 늘어 은행 수익성이 좋아진다. 다만 대출 연체자가 느는 건 흠이다. 대출 연체자 증가는 고려신용정보 등 채권추심회사에게는 호재다. 금리 상승기에는 은행, 채권 추심회사 등을 매수하는 전략이 바람직하다.

초보 투자자
기초 지식 쌓기

첫째 날

둘째 날

셋째 날

넷째 날

다섯째 날

부록
돈 버는 투자 습관

미국 금리 인상은 글로벌 금융 시장을 경색시킨다. 미국으로 돈이 못 돌아가게 우리도 금리를 올리기에 악재다. 만약 우리가 금리를 안 올리면 금리 조건이 좋은 미국으로 돈이 일시에 빠져나간다. 미국 유턴 과정에서 한국 돈을 달러로 교환해야 한다, 이럴 경우 한꺼번에 달러 수요가 몰려 달러 가치가 급등한다. 달러 강세는 원화 약세를 부르고 환차손 리스크가 발생한다. 한국에 들어올 땐 1달러를 1,000원에 환전했는데, 나갈 때는 1,500원을 줘야 하니 손해가 크다. 외국계 투자자로서는 주가 상승 외에도 환차익(손)도 중요 투자 포인트가 된다. 환율 변동을 눈여겨봐야 하는 이유가 여기에 있다.

08 특정 대기업에만 독점 납품하는 회사

초보 투자자 기초 지식 쌓기

첫째 날

둘째 날

셋째 날

넷째 날

다섯째 날

부록 돈 버는 투자 습관

> 1. 특정 대기업에만 납품하면 안정적 매출처 확보라는 장점이 있긴 하나, 납품하던 대기업이 망하면 같이 무너진다.
> 2. 믿었던 대기업이 가격 조건, 기술력 등에서 우위 기업이 생기면 언제든 독점 공급 계약을 해지할 수 있다.
> 3. 특정 대기업에 독점적 납품 하는 회사는 투자에 주의하자.

매출처가 한 군데라는 것이 장점이자 단점이다

특정 대기업에만 독점 납품하는 부품회사는 안정적인 매출처를 확보하고 있다는 장점도 있으나, 매출처가 한 군데뿐이라는 리스크Only One

$_{Risk}$도 상당하다. 우리가 중국 수출 의존도가 높아 뜻하지 않은 사드 보복에 크게 휘청거리는 이유와 같다.

납품하던 대기업이 망하면 같이 무너진다

자동차, 스마트폰, 중장비, 조선업 등 장치 산업의 경우 다양한 부품들에 대한 안정적인 공급처 확보가 필요하다. 현대차, 삼성전자, 현대중공업 등은 독점 공급처를 두고 있다. 대기업 입장에서야 물량을 안정적으로 보내줄 독점 공급처가 편하겠으나 부품회사 입장에서는 위험 분산이 안 된다. 납품하던 대기업이 일순간 무너지면 같이 망하는 도미노 악순환을 겪을 수 있다.

독보적인 글로벌 특허 기술력이 있다면 굳이 한 군데 대기업에만 납품을 하지 않는다. 대기업이 독점 공급처를 정하는 경우는 안정적인 물량 조달에 목적이 있다. 특별한 기술우위가 아니라면 대기업에서 납품 단가 면에서 더 우위인 회사로 독점 공급처를 바꿀 수 있다. 혈맹이 아닌 비즈니스 관계이기에 갑에게 억울해도 어쩔 수 없다. 다만, 대기업 지분 투자가 이루어졌거나 대기업과 공동 기술개발을 진행하는 회사라면 그나마 위험부담이 덜하다.

갑을 종속관계로 매출단가를 함부로 올리기 어렵다

대기업 실적개선에도 불구하고 부품업체가 납품단가를 올리기 쉽지 않다. 대기업 측에서 납품단가 인하를 요청하면 거절하기도 어렵다. 독점 기술 우위보다 단순 물량 조달에 목적이 있는 납품업체의 경우 또는 대기업 실적이 악화한 경우라면 매출단가 후려치기가 심해질 수도 있다.

부품회사 매출처에 대해 확인하도록 하자

자동차, 스마트폰 등 부품회사라면 매출처 다변화 여부를 꼭 확인하자. 매출처 세부내용은 사업보고서에 나와 있으므로 금감원 다트에서 확인 가능하다. 납품처가 다양할수록 위험분산 측면에서 좋다. 납품처가 국내회사에 국한되지 않고 해외 유명회사도 다수 포함되면 글로벌 기술 파트너로서 기술력이 검증된 경우다. 주식투자도 분산투자가 위험이 적듯, 부품회사 선택도 독점 납품 대신 분산 납품하는 회사를 택하는 것이 혹시 모를 리스크를 줄이는 방법이다.

초보 투자자
기초 지식 쌓기

첫째 날

둘째 날

셋째 날

넷째 날

다섯째 날

부록
돈 버는 투자 습관

꿈을 먹는 주식, 제약(바이오) 기업 투자

> 1. 신약은 임상 3단계를 거쳐야 제품을 시판한다. 기나긴 개발 기간, 꿈을 먹는 주식이기에 현재 실적 대비 고평가에 주의하자.
> 2. 바이오, 제약은 고령화사회의 핵심 산업, 미래 성장 동력, 미국에서도 고평가인 점 등을 종합할 때 PER 기준을 조금 높여 약세장에 관심 가져볼 만하다.

일반적으로 임상 3단계를 거쳐야 제품을 시판한다

임상시험은 신약, 의료기기, 시술법, 식품 등의 안정성과 유효성 증명을 위해 사람에게 하는 시험이다. 임상시험 전 동물실험의 단계는 전임상 단계다. 의약품 임상시험 단계는 총 4상相, Phase으로, 임상 1단계

(제1상)는 대부분 소수의 건강한 성인을 대상으로 약물 체내 흡수, 분포, 대사, 배설 등에 대한 자료를 수집하면서 안전성(독성 반응 여부)을 평가한다. 임상 2단계(제2상)는 적정 용량의 범위(최적의 투여량 등)와 용법을 평가한다. 임상 3단계(제3상)는 대부분 수백 명 이상의 환자를 대상으로 약물의 유효성과 안전성을 최종적으로 검증한다. 임상 4단계(제4상)는 약물 시판 후 부작용을 추적하고, 추가 연구를 시행한다. 대부분의 약제개발은 제1, 2, 3상 이후 판매단계인 제4상의 과정을 거치나 동시에 제1, 2, 3상을 진행하거나 제2상을 생략하고 제1상에서 제3상으로 가는 등 예외가 있을 수 있다.

임상시험 1단계는 단지 약의 독성 반응 여부를 판단하는 단계이므로 임상시험 성공 확률이 매우 높다. 따라서 임상시험 1단계 성공만으로 신약 개발 가능성을 논하는 건 너무 이르다. 최소 임상시험 2단계 성공 또는 3단계 임상이 진행되어야 신약 개발 가능성이 있다 하겠다. 참고로 스웨덴과 합작법인인 앱클론은 과도한 임상시험 리스크를 줄이기 위해 전임상 단계에서 파이프라인(신약후보 물질) 기술이전으로 임상시험 비용과 실패 리스크를 줄이기도 한다.

실적 대비 고평가에 주의하자

2017년 말 마련된 코스닥시장 활성화 정책에 따라 코스닥벤처 펀드 등에 대한 자금 유입도 활발해져 바이오, 제약주 급등(버블)으로 이어졌다. 강세장에는 버블 주식이 더 오버슈팅 된다(가치 대비 크게 상승한

초보 투자자
기초 지식 쌓기

첫째 날

둘째 날

셋째 날

넷째 날

다섯째 날

부록
또는 투자 습관

다). 그러나 약세장으로 전환되면 가장 많이 조정되는 경우도 오버슈팅 된 주식이다. 적자기업, 현금이 부족한 기업, 고평가된 기업에 대한 투자를 하지 말자고 이 책에서 그동안 수없이 강조했다. 원칙적으로 바이오, 제약주는 PER이 높아 투자 결정이 어려운 종목군 중 하나다.

임상 비용으로 인해 적자가 심한 바이오 회사의 시가총액이 1조 원을 넘기기 일쑤다. 시장 곳곳에서 경고음이 나오고 있다. 바이오 기업 신약 개발은 전 임상, 임상단계를 거치는 10~15년 기나긴 개발 기간, 1조 원 이상 막대한 투자비용, 높은 실패 가능성, 글로벌 제약회사와 무한경쟁 등 다양한 위험요인이 상존한다.

2018년 상반기에도 네이처셀의 퇴행성 관절염 줄기세포 치료제(조인트스템) 조건부 시판 허가 불발, 한미약품의 폐암 신약 올리타 개발 중단 등이 발표되었다. 바이오·제약회사 등이 개발비를 비용 대신 자산 처리하는 것에 대한 회계처리 적정성 논란, 바이오·제약 버블주에 대한 일부 증권사 투자주의 리포트 등이 남북경협주 쏠림 현상과 함께 바이오·제약 주가에 악영향을 미쳤다. 투심이 꺾이는 약세장과 임상실패, 남북경협과 같은 새로운 테마 출현 등 악재에 대비한 보수적인 판단도 필요하다.

다만 고령화사회 핵심 산업이고 미래 성장 동력이란 점, 바이오와 제약 기술이 발전하고 있는 점, 미국 시장에서도 바이오가 고평가인 점, 의미 있는 임상시험 결과가 발표될 예정인 점 등을 종합해볼 때 PER 기준을 상대적으로 조금 높여 약세 조정장에는 임상 3상 중인 기술과 실적 경쟁력이 있는 기업 중심으로 관심 가져볼 만하다.

'무늬만 바이오'의 출현에 주의하자

신약 개발까지는 보통 10~15년 이상 소요된다. 그런데 이제 막 바이오 진출을 선언한 기업들 주가가 바이오란 이유만으로 비정상적으로 급등하는 사례들이 많다. 과거에도 우회 상장기업, 상장폐지 직전 적자기업들이 바이오 진출을 빌미로 주가를 급등을 시킨 사례들이 많았다.

초보 투자자라면 바이오·제약회사에 파이프라인 임상시험 진행 여부를 확인하자. 파이프라인도 없는 무늬만 바이오 회사는 실체가 없는 신기루이므로 투자 대상에서 제외하자.

초보 투자자 기초 지식 쌓기

첫째 날

둘째 날

셋째 날

넷째 날

다섯째 날

부록 돈 버는 투자 습관

정부 규제 이슈,
에너지 공기업 투자

---

1. 에너지 공기업의 과도한 이익을 친서민 정부는 허락하지 않는다.
2. 에너지 공기업은 정부규제와 고유가 이중고를 이겨내야 한다.
3. 정부규제가 호재인 경우도 있다. 문재인 정부의 탈원전·탈석탄 정책
   으로 LNG(액화천연가스)가 주목받고 있다.

에너지 공기업은 안전한 투자 대상이다

거래소에 상장된 에너지 공기업은 한국전력, 한전기술, 한전KPS, 한
국가스공사, 지역난방공사 등이다. 정부나 공공기관이 지분을 많이
보유하고 있고, 에너지는 기간산업이기에 망하기 어렵다.

그동안 에너지 공기업은 변동성이 심한 주식시장에서 고배당과 안정적 이익 등으로 외국인과 기관이 선호하는 안전자산이었다. 보유한 토지도 많아 저PBR주로 약세장에서도 강한 면모를 보여왔다. 한국전력은 MB 정부시절 원전 테마주로 인기를 얻었고, 저유가에 따른 이익 급증, 삼성동 한전부지 매각으로 주가 상승과 고배당을 유지할 수 있었다.

에너지 공기업은 정부 정책에 영향받는다

에너지 공기업이 PBR 1배 이하 저평가더라도 정부에 의해 주가급등이 어려울 수 있다. 공기업 안정성 이면에는 정부 가격 통제라는 우려가 존재한다.

공공요금 인상은 사회 전반에 영향을 미친다. 과한 공기업 순이익 증가를 친서민 정부는 원하지 않는다. 저유가라면 요금 하향조정, 고유가라면 요금 인상을 제한한다. 공공요금을 올리지 못한다면 국제유가 상승으로 에너지 공기업 수익성에 빨간불이 들어온다. 정책적 규제도 있는데 한국 전력의 경우 탈원전 기조로 원전사업 확대도 만만치 않다. 한반도 여름을 강타한 이상고온 대프리카(대구+아프리카) 현상으로 누진세 기준 완화에 대한 국민적 열망도 높다.

2020년 코로나19 여파에 따른 저유가 현상으로 일단 실적 하향세는 멈추었지만, 초보 투자자라면 고유가와 친서민 정부 공공요금 통제 여부를 확인할 필요가 있다.

초보 투자자
기초 지식 쌓기

첫째 날

둘째 날

셋째 날

넷째 날

다섯째 날

부록
돈 버는 투자 습관

문재인 정부 탈원전, 탈석탄 규제가 LNG에는 호재다

정부 규제가 오히려 반사이익이 되는 경우도 있다. 문재인 정부 탈원전, 탈석탄 정책으로 오염물질을 적게 배출하는 LNG_{Liquefied Natural Gas}(액화천연가스)가 그 예다. 한국전력 등도 사용연료를 값싼 원자력, 석탄에서 LNG로 교체하고 있다. 국내 LNG 대부분을 수입·공급하는 한국가스공사에겐 호재다.

북한, 러시아, 중국 등과 천연가스 가스관 연결 사업 가능성으로 남북경협 테마가 된 점도 참고하자. LNG는 천연가스를 액화시킨 가스다. 천연가스는 운반비가 비싸 산지와 거리가 가까워야 좋다. 남북관계 개선으로 가스관이 연결만 된다면 지금보다 저가에 공급받을 수 있어서 천연가스 사용량 증가가 기대된다. 수소경제 활성화 정책에 따라 대규모 수소제조업자에게 LNG를 직접 공급할 수 있도록 허용하는 정책지원도 더해지고 있다.

▶ **천연가스**
천연가스는 기체형태인 PNG(Pipe Natural Gas)와 액체로 바꾼 LNG 등이 있다. PNG는 산지로부터 파이프로 공급받아 사용하는데 러시아, 북한과 가스관이 연결되면 PNG를 저렴하게 공급받을 수 있다.

11

투자 신뢰 훼손,
차이나디스카운트

초보 투자자의
기초 지식 쌓기

첫째 날

둘째 날

셋째 날

넷째 날

다섯째 날

부록
돈 버는 투자 습관

1. 차이나디스카운트는 중국기업이란 이유로 저평가된 경우다.
2. 중국기업들은 좋은 재무지표를 유지하다 순이익 악화, 과도한 유상
   증자, 불성실공시 등 투자 신뢰를 훼손하는 일들이 많았다.
3. 재무지표가 양호하더라도 중국기업은 보수적으로 판단하자.

중국기업이란 이유로 저평가된 경우다

차이나디스카운트는 중국기업이란 이유로 주가가 저평가된 경우를
말한다. 일부 투자자들은 차이나 포비아_{Phobia}(공포증)란 극단적 표현
까지 사용한다. 일부 회사는 배당 확대나 최대주주 지분 매입 등 주주

친화적 정책을 하고 있지만 투자자 발길이 쉽게 돌아오지 않는다.

과거 우리나라에 상장된 중국기업들은 상장초기 저PER, 저PBR, 낮은 부채비율, 높은 순이익 등으로 투자 매력도가 상당히 높았다. 그러나 상장 이후 예상치 못한 순이익 악화, 과도한 유상증자, 불성실공시, 분식회계와 상장폐지 등 투자 신뢰를 훼손하는 일들이 자주 발생했고 그 결과 중국기업에 대한 투자 기피로 이어지고 있다.

차이나하오란의 재무지표

기업실적분석

주요재무정보	최근 연간 실적				최근 분기 실적				
	2015.12	2016.12	2017.12	2018.12(E)	2017.03	2017.06	2017.09	2017.12	2018.03
	IFRS 연결	IFRS 연결	IFRS 연결	IFRS 연결	IFRS 연결	IFRS 연결	IFRS 연결	IFRS 연결	IFRS 연결
매출액(억원)	4,077	4,125	3,923		895	1,231	1,495	296	160
영업이익(억원)	333	368	-952		49	139	155	-1,295	-51
당기순이익(억원)	193	236	-1,081		16	103	103	-1,304	-42
영업이익률(%)	8.17	8.92	-24.26		5.44	11.31	10.33	-437.35	-31.79
순이익률(%)	4.74	5.73	-27.56		1.74	8.36	6.91	-440.33	-26.39
ROE(%)	7.92	8.89	-48.77		8.42	10.42	11.16	-48.80	-53.52
부채비율(%)	61.82	57.35	53.28		51.25	48.58	36.02	53.28	45.12
당좌비율(%)	196.29	180.81	179.82		184.31	192.79	244.96	179.82	198.85
유보율(%)	234.75	268.12	87.31		271.07	285.33	223.88	87.31	81.90

2019년 1월 상장폐지 된 차이나하오란도 2017년 초 최대주주가 변경된 이후 실적이 급격히 악화되었다. 2017년 9월 말 기준 재무지표는 좋았기에 2017년 12월 대규모 적자를 예측하기 쉽지 않았다.

끊임없는 상장폐지로 신뢰를 잃다

2020년 10월 현재 거래소에 상장한 중국회사는 총 26개로 이 중 12개

(4개는 회사가 자진 상장폐지)는 상장폐지 되었다. 차이나 디스카운트를 만드는 주요 원인으로는 첫째, 중국기업 재무제표를 신뢰하기 힘들다는 점이다. 상장 이후 안정적인 순이익을 유지하다 대규모 유상증자, 주식관련사채 발행 이후 실적이 급격히 악화된 경우가 다수 있었다.

둘째, 국내 투자자와 중국기업 간 정보 비대칭이 심하다는 점이다. 국내 기업 정보들은 손쉽게 뉴스에 노출되지만, 중국기업 소식은 해당 기업들 공시 외에는 확인할 방법이 적다. 정보공개 노력도 부족하고 불성실공시 법인 지정도 많았다. 불성실공시 법인으로 지정된 중국기업이라면 신뢰하기가 더욱 쉽지 않다.

차이나디스카운트, 돌다리도 두드려보고 가자

이 책에서 3~5년간 유상증자 여부 등을 점검하는 이유는 악재를 제거하고 불확실한 투자를 하지 않기 위함이다. 중국기업은 이 책 투자법으로는 매력적인 투자 대상일 수 있다. 다만 저PER, 저PBR, 낮은 부채비율, 높은 순이익 등 비록 재무지표는 양호하더라도 그동안 투자 신뢰에 의문점이 강하게 든 국내 상장 중국기업 투자는 초보 투자자라면 보수적으로 판단하자.

초보 투자자 기초 지식 쌓기

첫째 날

둘째 날

셋째 날

넷째 날

다섯째 날

부록 돈 버는 투자 습관

금융상품 가입 시
이런 점을 알아두자

모두 자기 책임이다. 투자 결과에 대해 남 탓하지 말자

투자에 대한 모든 결정은 본인이 하는 거다. 금융 투자 상품 가입서류 사인 전 투자 위험 사항 등 설명을 잘 듣고 의문점은 바로 문의해야 한다. 주식매매도 증권사 직원에게 함부로 맡기지 말자. 자본시장법상 투자 일임(투자 일괄위임) 계약을 체결하지 않는 한 증권사 직원은 주식매매를 고객 대신 할 수 없다.

본인 투자 위험 성향에 맞는 투자를 하자

펀드 등 금융 투자 상품은 원금보장이 안 되며 예 · 적금과 달리 예금자보호 대상도 아니다. 그래서 금융 투자 상품 가입 시 자신의 위험 성향(공격투자형, 적극투자형, 위험중립형, 안정추구형, 안정형)을 사전 점검한다. 위험 성향을 진실하게 점검하고 자신의 위험 성향에 부합한 상품을 선택하자. 원금손실을 원하지 않는 보수적 투자자인데 위험성이 큰 상품 가입은 맞지 않다.

일반적으로 금융 투자 상품 위험도는 다음과 같이 구분할 수 있다.

- 초고위험(공격투자형) : 선물옵션, 신용거래 등
- 고위험(적극투자형) : 주식
- 중위험(위험중립형) : BBB+~BBB- 회사채, 원금 부분 보장형 파생결합 상품 등
- 저위험(안정추구형) : 채권형 펀드, A- 이상 회사채, 금융채 등
- 초저위험(안정형) : MMF, 국고채, RP 등

다툼이 있을 땐 증권 분쟁조정 제도를 활용하자

증권사와 주식, 펀드 등에 대한 다툼이 있다면 분쟁조정 제도를 활용해보자. 소송 등에 비해 시간, 비용이 절약된다. 증권 분쟁조정 기관은 금융감독원, 한국금융투자협회, 한국거래소가 있다. 주요 분쟁조정 대상으로는 펀드 등 금융 투자 상품 가입 시 위험성 설명 불충분(불완전판매), 투자자 위험 성향 대비 고위험 상품 판매, 고객 몰래 증권사 직원의 임의적 주식매매 행위와 일임 계약 없는 주식 일임매매 행위 등이다. 증권사 직원에 손실 보전 약속은 법적으로 무효이므로 증권사 직원에게 주식매매 행위를 맡겨서는 절대 안 된다.

초보 투자자
기초 지식 쌓기

첫째 날

둘째 날

셋째 날

넷째 날

다섯째 날

부록
돈 버는 투자 습관

사기당하지 않게 검증된 금융기관 여부를 확인하자

금융회사, 투자회사란 이름으로 활동하는 유사 수신업자, 유사 투자자문업자의 불법성이 문제다. 이름에서 느껴지듯 수신업자, 투자 자문업자와 유사한 자다. 이름만 금융회사, 투자회사일 뿐 국가로부터 허가받은 금융회사는 아니다. FX마진, 선물옵션, 주식 및 가상화폐 투자 등에 대한 전문가임을 내세워 확정된 고수익과 손실 보장을 약속하나 너무 위험하다. 유사 수신행위(인허가를 받지 않고 불특정 다수인으로부터 자금 조달)는 불법이다.

유사 투자자문은 불특정 다수를 상대로 투자 조언할 수 있는데 홈페이지, 증권방송, 간행물, 강연회 등으로만 가능하다. 전화, 온라인 채팅, 상담 게시판을 통한 일대일 상담은 불법행위다.

일대일 투자자문(일임)은 금융위원회에서 인정해준 투자 자문업자(일임업자) 영역이다. 상호에도 금융 투자, 증권, 투자자문, 투자 일임, 자산운용, 금융위 정식인허가업체 등을 사용하면 안 된다. 유사 투자자문업자는 일정 요건을 갖추고 신고만 하면 된다. 신고가 은행, 증권사, 보험사처럼 정부 영업허가 의미가 아니다. 그저 자영업, 임대업 전 세무서에 사업자등록하는 것처럼 영업신고일 뿐이다. 정부에 신고 없이 영업하는 자들도 많은데 신고도 하지 않은 자는 문제가 더 심각하다. 금감원 파인 홈페이지(fine. fss.or.kr)에서 제도권 금융회사 조회, 유사 투자자문업자 신고 현황에서 의심 가는 회사를 검색해볼 수 있다. 금감원에 전화로도 문의(전화번호 1332)가 가능하니 활용하기 바란다.

부록

돈 버는
부자 습관

1법칙 한 달에 책 한 권은 읽자

주식투자를 잘하고 싶은데 방법은 모르겠고 전문가가 있었으면 좋겠는데 체계적으로 가르쳐줄 사람도 없다. 주변에는 온통 손해 본 사람들뿐이고 그들은 주식은 절대 해서는 안 되는 위험한 것이라 한다. 무엇보다 주식은 너무 복잡하고 어렵다.

그럼 주변의 전문가를 찾아보자. 아주 싼값에 쉽게 전문가를 찾는 방법이 있다. 바로 서점에 가는 것이다. 서점에 갈 시간도 없다면 인터넷 서점 도서 검색만으로도 된다. 책 저자들의 산전수전 노하우를 배워보는 게 가장 빠른 지식 습득 방법이다. 단돈 2만 원에 주식 필살기를 배우니 얼마나 고마운 일인가.

한 달에 한 권씩 재테크 책을 읽는다면 1년에 12권이다. 책마다 딱 한 가지씩 새로운 투자 비법을 노트에 적어두면 1년에 열두 가지 투자 비법을 얻을 수 있다. 5년이면 60개가 넘는 투자 비법이 내 것이 된다. 60개 필살기라면 증권 시장에서 절대 무림지존으로서 실패할 리가 없다.

2법칙 하루에 베스트 신문 기사 3개씩 뽑자

초보 투자자
기초 지식 쌓기

첫째 날

둘째 날

셋째 날

넷째 날

다섯째 날

부록
돈 버는 부자 습관

소중한 출퇴근 한 시간을 허투루 보내지 말자. 출퇴근 시간에 증권 뉴스를 검색하는 가성비 높은 습관을 들이자. 투자 분석을 위해서는 분석할 종목이 있어야 한다. 무턱대고 아무 종목이나 분석할 순 없다. 뉴스는 투자 분석의 출발점이자 저평가 종목을 발굴하는 정보원이다. 뉴스 검색을 게을리한다면 결코 좋은 종목을 선정할 수 없다.

출퇴근 시간 뉴스 검색은 그 어떤 습관보다 중요하다. 증권시장 개장 시간(9:00~15:30)에는 공시정보 위주 뉴스가 주류다. 석간신문은 오전 11시 30분, 조간신문은 오후 4시 30분이 기사 마감 시간이다. 마감 시간 이후 2~3시간 동안 투자에 도움 되는 양질의 뉴스가 많다. 개장 시간 이전인 오전 9시 이전에도 투자에 도움 되는 뉴스가 있다. 정 시간이 안 된다면 석간과 조간신문 마감 시간인 오전 11시 30분과 오후 4시 30분부터 2~3시간 뉴스만이라도 꼭 스크린하자.

베스트 기사를 실적개선, 배당, 무상증자, 최대주주 사망(증여), 증권사 추천 종목들을 중심으로 매일 3개씩 뽑아보자. 베스트 기사는 포털사이트 내 블로그, 네이버밴드, 나만의 카카오톡 대화방 등에 매일 업데이트하자. 그게 귀찮다면 제목만이라도 적어두자. 베스트 기사 3개가 별것 아닌 듯해도 6개월만 지나면 달라진 내 투자에 새삼 놀라게 될 것이다. 하루 3개라고 무시하지 말자. 하루 3개가 모여 한 달이면 90개, 1년이면 1천 개, 10년이면 1만 개 기사가 여러분 것이 된다.

샌드타이거샤크의 스마트폰 앱 주요 뉴스 저장 사례

네이버밴드, 카카오톡에 베스트 신문 기사를 저장한다.

3법칙 치부책을 만들자

투자에 관련된 다양하고 복잡한 생각들을 잡아둘 노트가 필요하다. 단돈 1,000원짜리 노트 한 권이 인생을 바꾼다. 아직 주식투자 노트가 없다면 지금 당장 1,000원을 꺼내 노트 한 권을 구입하자. 돈에 관련된 내용을 담았기에 치부책이라 하자. 돈을 벌고자 한다면 치부책은 선택이 아닌 필수다. 매년 노트 한 권을 구입하는데 노트 형식은 자유다. 다만 연간 스케줄을 기록할 수 있게 달력이 있는 노트면 더 좋다. 달력에 수익을 기재해보는 재미도 쏠쏠하다. 치부책을 준비하는 것과 안 하는 것은 천지 차이다. 직접 써보면 그 차이를 확실히 실감한다.

치부책을 만들었다면 맨 먼저 재무상태를 점검해보고 반성의 시간을 갖자. 처음에는 한숨만 나올 것이다. 왜 이렇게 무관심했을까 하는 아쉬움과 언제 돈을 벌 수 있나 하는 무력감이 밀려올지도 모른다. 시작이 반이라 했다. 재무상태 점검만으로도 이미 부자 될 기본자세가 된 거다. 시작과 무관심은 출발선은 같아도 도착점은 분명히 다르다.

치부책에 일기처럼 쉬지 않고 기록을 남기는 게 좋다. 정말 적을 게 없으면 그날 읽은 뉴스 기사 제목만이라도 적어놓자. 무엇보다도 종목분석, 향후 재테크 목표와 이를 위한 스케줄링은 꼭 치부책에 담아두자.

치부책을 만든 목적도 바로 재테크 계획과 실행에 있다. 치부책은 1년간 기록이다. 매년 12월 31일에는 1년을 되돌아보고 새해 재테크 목표와 노력할 사항들을 정리하자. 특히 가족들과 같이 새해 계획을 세워보자. 새해 계획을 공유하는 것은 가족에 소망을 아는 즐거움이라 기쁘다. 치부책은 나와의 약속이며 자극제다. 목표와 계획이 주는 효과는 상당하다. 목표와 이를 기록하는 장부, 그리고 계획 실천 삼박자가 맞는다면 성공할 수 있다.

샌드디이기샤크의 재테크 치부책

매년 노트 한 권씩을 마련해 주식 분석 등 재테크 치부책을 써왔다. 고민, 희망과 다짐 등을 포함해서 1년간 재테크 일기가 된다.

4법칙 전두엽을 활성화하자

주식은 암기과목처럼 외워서 되지도 않고 수학처럼 공식을 대입한다고 꼭 들어맞는 것도 아니다. 매번 변화하는 상황에 대처하고 판단하는 능력이 절대적으로 중요하다. 머리에서 가치 판단하는 부분을 전두엽이라 했다. 전두엽을 발달시키기 위해서는 끊임없이 분석하고 노력하는 방법 외에는 없다. 노력의 방법은 이 책의 종목분석법과 매매 원칙대로 수없이 반복하는 것이다. 나만의 특별한 레시피, 필살기는 전두엽으로부터 나온다는 점도 잊지 말자.

전두엽을 활용해 분석하는 습관이 길러지면 증권사 추천 종목에 대한 맹목적 믿음은 사라진다. 나만의 투자 분석법을 통해 증권사 추천 종목 타당성을 재차 점검하게 된다. 한마디로 능력자가 되었기에 다른 사람이 사라 한다고 함부로 사지 않는다. 소중한 가족과 일터를 주식투자에 최대한 빼앗기지 말고 술도 가급적 마시지 말자. 술은 투자 판단력과 노력을 방해하는 독약이다.

초보 투자자
기초 지식 쌓기

첫째 날

둘째 날

셋째 날

넷째 날

다섯째 날

부록
돈 버는 부자 습관

5법칙 세상을 투자라는 안경으로 바라보자

세상에 모든 일은 다 주식투자와 연결된다. 그래서 소소한 일상만 잘 관찰해도 투자의 길은 쉽게 열린다. 일상에 변화를 받아들이는 창구는 모두 열어두고 투자화하자. 그런 의미에서 뉴스는 반드시 열어두어야 할 창구다.

장난감 '터닝메카드'가 선풍적 인기로 품절 사대를 빚은 적이 있다. 일상을 주식투자로 연결하는 습관이 있었다면 웃돈 주고 장난감을 사는 대신 터닝메카드 판매사인 손오공 주식을 샀을 것이다. 러시아 월드컵을 앞두고는 아프리카TV 주식에 투자했을 것이다. 태양의 후예 송송 커플(송혜교, 송중기)보다 제작사인 NEW 주가에 관심 가졌을 것이다. 〈신과 함께 2〉 개봉 전 제작사 덱스터 주식을 보유했을 것이다. 대규모 정전이면 콘돔회사 바이오제네틱스 주식을 매수했을 것이다.

예전에 나온 한 증권사 광고를 기억하는가? 모두가 '예스'라고 할 때 혼자 '노'하고 모두가 '노'할 때 혼자 '예스' 하겠다고 했다. 무슨 청개구리 같은 소린가 하겠지만 깊은 뜻이 담겨 있다. 모두가 공포스러울 때가 투자 적기요, 모두가 기대감에 들뜰 때가 매도시점인 역발상을 강조한다. 악재 뉴스는 공포가 아닌 투자 기회다. 뉴스에 팔 게 아니라 뉴스에 사야 한다. 역발상을 했을 뿐인데 투자 수익이 난다. 투자의 시발점은 세상을 바라보는 눈이다. 세상을 투자라는 관점에 안경을 쓰면 안 좋은 것도 좋게 보인다. 오늘부터는 세상사 모든 일을 투자라는 안경으로 바라보자.

초보 투자자
기초 지식 쌓기

첫째 날

둘째 날

셋째 날

넷째 날

다섯째 날

부록
돈 버는 부자 습관

6법칙 흔들리지 않는 심리 연습을 선행하자

배고픈 사자와 호랑이가 싸운다면 누가 이길 것 같은가? 우문현답일지 모르겠으나 절박한 동물이 이긴다. 주식투자에서도 절박한 사람이 이긴다. 돈을 절대 잃지 않겠다는 각오, 전쟁터에서 절대 죽지 않겠다는 독기가 없다면 계속된 승리는 요원하디. 주식투자에서만은 대충주의, 양보하는 미덕도 버리고 냉정하고 독해지자. 그래야만 투자 싸움에서 이긴다. 일상의 대인관계에서는 한없이 착해도 투자라는 전쟁터에서만은 고독한 승부사가 되자.

투자 결정은 모두 자기 책임이다. 매수 전에는 강한 자신감을, 매도 후에는 후회하지 말자. 자신감이 주가폭락에도 평정심을 유지하는 강한 멘탈소유자가 되게 한다. 자신감의 근원은 실패하지 않음에 있다. 잦은 실패는 자신감을 잃게 하고 투자에 소극적이 된다. 앞서 분석해서 투자하고 손절매하지 말라 했다. 매도하고 후회하면 재매수를 부른다. 매도하면 당분간 그 종목은 잊자. 세상에 사야 할 주식이 많으니 과거에 연연하지 말자.

7법칙 본업에 충실한 투자를 하자

초보 투자자
기초 지식 쌓기

첫째 날

둘째 날

셋째 날

넷째 날

다섯째 날

부록
돈 버는 부자 습관

주식투자자 대부분은 본업이 있다. 부업인 주식투자가 본업을 망가트리는 생활 패턴을 가진 사람들이 많다. 하루 종일 시세판 생각에 불안감 연속이다. 머릿속에 집중이란 단어는 이사 간 지 오래다. 주식이든 본업이든 한 가지에 집중하자. 굳이 둘 중 경중을 두자면 주식보다 본업에 집중하라 하고 싶다. 본업은 주식이 안 될 경우 돈을 벌어줄 믿는 구석이기에 절대로 망가져선 안 된다. 다른 행복을 뺏어가며 주식만을 위해 사는 인생은 별로다. 생계와 가족, 건강, 취미를 잃고 투자 수익만 좇는다면 안 하느니만 못하다.

시세판을 자주 보는 것과 투자 수익은 반비례한다. 잦은 시세 확인은 심리적인 불안감을 확대하고 매도를 불러일으킨다. 시세판을 꺼두는 게 여러모로 도움이 된다. 시세판을 꺼두면 단타매매도 안 하게 된다. 단타매매도 안 하니 묻지마 투자도 안 하게 된다. 머릿속도 복잡함을 잊으니 힐링이 된다. 시세판과 멀리하고 편하게 살면 된다.

주식에 투자하는 시간은 하루 두 시간이면 충분하다. 출퇴근 시간 뉴스 검색 한 시간, 퇴근 후 종목분석 한 시간이다. 하루 두 시간을 제외하고는 주식과 담쌓고 살아도 된다. 세상에 관심 둘 행복한 일들이 얼마나 많은데 하루 종일 주식만 생각하고 살아야 하나. 그러지 말자. 하루 22시간은 주식을 벗어나 운동도 하고 음악도 듣고 맛있는 것도 먹고 동료와 수다도 떨어 보자.

에필로그

샌드타이거샤크의
가치투자 이야기

가치투자자로 경제신문 기사의 주인공이 되다

2014년 5월 24일 토요일 자 〈머니투데이〉 신문 지면에 실린 적이 있다. 그 기사는 내 투자 일기를 모티브로 했다. 회사 홍보 업무를 하면서 아는 기자 분과 만나 대화한 내용 중 일부다. 당시 삼목에스폼과 위닉스로 투자 수익을 얻었던 내용이 흥미로웠나 보다.

삼목에스폼과 위닉스 모두 신문 기사를 통해 실적개선과 당기순이익 증가 추정치를 접했다. 건설용 거푸집 제조업체인 삼목에스폼은 주택건설업황 개선과 자회사 에스폼에 대한 일감 몰아주기 해소 이슈로 실적개선을 예상했다. 특히 그동안 일감 몰아주기로 자회사에 집중되었던 수익이 2014년부터 삼목에스폼에 반영될 것이기에 큰 폭의 수익 증가를 예상했다.

제습기 제조업체인 위닉스는 2014년 기상이변에 따른 기록적인 강우와 폭발적인 제습기 시장 성장을 예상했다. 당시 제습기 1위 업체인 위닉스의 시장 독점이 예상되었다. 신문 기사를 통해 두 회사 실적개선과 당기순이익 추정치를 얻었으니 미래 PER은 쉽게 구할 수 있었다. 두 종목 모두 실적

기사에 나온 2014년 삼목에스폼 주가급등 사례

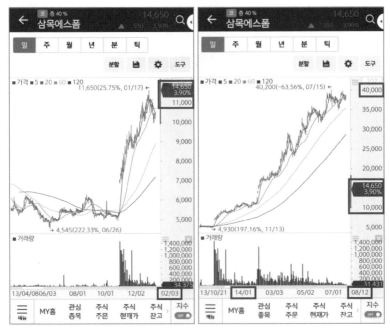

(좌) 2014년 2월 당시 실적개선 기대감으로 인해 주가가 급등했다. 2014년 말 당기순이익을 감안하면 2014년 2월 미래의 PER은 5배 이하로 낮았고 추가 상승을 기대했다.
(우) 2014년 2월 가파르게 보이던 급등 그래프는 2014년 8월에 보면 급등의 초입 단계에 지나지 않았다.

예상치 대비 미래 PER은 10배 이하로 낮았다. 다만 이미 실적 추정치를 선반영해 단기 주가 그래프는 스키 활강대처럼 매우 가팔랐다. 기술적 분석이라면 감히 매수하지 못했을 급등 그래프는 내 매수 선택에 큰 영향을 미치지 못했다. 향후 실적대비 저평가라 판단하고 과감히 매수를 했다. 매수 이후 일부 눌림목 구간이 있어 추가 분할매수도 했다. 실적 기반 저평가 예측은 정확히 일치해 6개월 이내 많은 수익률을 안겨준 효자종목이 되었다.

기사에 나온 2014년 위닉스 주가급등 사례

(좌) 2014년 초 그해에는 비가 많이 올 것으로 예상했다. 제습기 제조회사인 위닉스 순이익도 급증하리라 기대되었다. 주가는 이미 한 차례 급등 후 조정을 보였다. 2014년 말 당기순이익을 감안하면 2014년 2월 미래의 PER은 10배 이하로 낮았다.

(우) 2014년 2월 가팔라 보이던 급등 그래프는 2014년 5월에 보면 급등 초입단계에 지나지 않았다. 2014년에 보기 드문 엄청난 강우량으로 제습기 판매가 크게 늘었다.

아들은 잘하는 게 뭔가?

10여 년 전 어머니께서 문득 "제빵 장인은 빵을, 구두 장인은 구두를 잘 만드는데 넌 무얼 잘하느냐"라고 물으셨다. 그동안 성공만을 위해 달려온 일 중독자인데 막상 내세울 게 없었다. "어머니, 전 상사에게 아부 잘하고 시키는 일은 죽어라 밤샘해서 바칩니다." 이것밖에 답이 없었다. 건강을 잃을 정도의 성실함과 지독한 아부, 일 중독으로 헌신했는데 회사에서 나가라고 하면 모진 세상에서 과연 뭘 하고 살아야지 하는 막막함이 처음 들기 시작했다. 그날 이후 잘하는 게 없는 나는 은퇴가 몹시 두려워졌다.

책과 경제신문을 파고들다

깊은 고민 끝에 증권업 종사자이기에 주식투자를 제일 잘해야 한다는 결론을 내렸다. 하지만 투자 실력이 엉망인 나를 가르쳐줄 투자 전문가 지인은 주변에 없었다. 오랜 고민 끝에 찾은 해답은 책과 언론이었다. 지독하게 책과 뉴스에 매달려봤다. 1년이 지나자 늘어가는 투자 실력을 체험하며 재테크도 공부가 답임을 깨닫게 된다.

삶에 행복을 채워 넣다

투자에 자신감을 갖기 시작하사 그동안 머릿속을 가득 채운 성공과 일 중독을 비워내기 시작했다. 회사 최고 에이스에서 평범한 직장인이 되기로 결심했다. 대신 가족, 취미, 건강 그리고 재테크 등 그동안 일 중독 때문에 미뤄둔 행복을 더 많이 채워 넣기 시작했다. 한식조리사 자격증도 공부해보고 요가도 오랜 기간 수련하고 있다.

50대 이후에는 자발적인 은퇴를 꿈꾸고 있다. 반평생을 살았으니 정말 하고 싶은 버킷리스트를 하면서 살고 싶다. 그중 하나는 몇 년간 한국을 떠나 몰디브에 가서 모히토 한잔하며 사는 것이다. 그리고 꼭 책을 한 권 더 쓸 것이다. 제목은 '은퇴하고 몰디브에서 모히토 한잔!' 단지 생각만인데도 엄청난 힐링이 된다. 여러분도 이 책 투자법을 통해 수익을 얻고 함께 행복한 은퇴 생활을 즐길 텐가?